Christina E. Jung · Schatten und Licht

Christina E. Jung

Schatten und Licht

Wanderung zwischen den Polen

Ein spiritueller Roman

AUGUST VON GOETHE LITERATURVERLAG

FRANKFURT A.M. • LONDON • NEW YORK

Die neue Literatur, die – in Erinnerung an die Zusammenarbeit Heinrich Heines und Annette von Droste-Hülshoffs mit der Herausgeberin Elise von Hohenhausen – ein Wagnis ist, steht im Mittelpunkt der Verlagsarbeit. Das Lektorat nimmt daher Manuskripte an, um deren Einsendung das gebildete Publikum gebeten wird.

Bibliografische Information der Deutschen Nationalbibliothek
Die Deutsche Nationalbibliothek verzeichnet diese Publikation in der Deutschen Nationalbibliografie; detaillierte bibliografische Daten sind im Internet abrufbar über http://dnb.d-nb.de.

Titelbild: Shlomo-Shalev/Unsplash

Websites der Verlagshäuser der Frankfurter Verlagsgruppe:

www.frankfurter-verlagsgruppe.de
www.frankfurter-literaturverlag.de
www.frankfurter-taschenbuchverlag.de
www.public-book-media.de
www.august-von-goethe-literaturverlag.de
www.fouque-verlag.de
www.weimarer-schiller-presse.de
www.deutsche-hochschulschriften.de
www.prinz-von-hohenzollern-emden.de

Gedruckt auf säurefreiem, alterungsbeständigem Papier, hergestellt aus chlorfrei gebleichtem Zellstoff (TcF-Norm).

Printed in the EU

ISBN: 978-3-8372-2614-0

©2022 FRANKFURTER LITERATURVERLAG

Ein Unternehmen der
FRANKFURTER VERLAGSGRUPPE GMBH
Mainstraße 143
D-63065 Offenbach
Tel. 069-40-894-0 • Fax 069-40-894-194
E-Mail: lektorat@frankfurter-literaturverlag.de

Widmung

Für meine Kinder und Enkelkinder –
die großen und die kleinen Sterne –
die Menschen, die mir die liebsten sind hier auf
der Erde.

Und für Thomas –
ohne ihn gäbe es dieses Buch nicht.

Alle Personen und Ereignisse in diesem
Roman sind frei erfunden.

Allen Verdunklungen zum Trotz
glüht STERNIGES sich nach unten
zu uns einen Weg.

Paul Celan

Vorwort

NEIN! Die LIEBE ist *nicht* der Boden, auf dem die Seele sich hier auf der Erde entwickelt. Sie ist als Keim in jedem von uns vorhanden – JA – tief verkapselt.

Befreit wird sie – wenn alles gut läuft – am Beginn des Lebens durch die elterliche Liebe.

Fähig zu Weiterentwicklung und zu Tiefe jedoch wird sie nur durch Eines: durch die *Wanderung vom Schatten zum Licht* – durch die Erlösung des Schattens in sich selber.

Erst dadurch erhält die LIEBE Nahrung zur *Größe*.

Wie dieser Weg verlaufen kann – wie menschliches Leben, die *Befreiung* und das *Wachsen* der LIEBE zu verstehen sind – das versucht dieser Roman zu erklären.

Erstes Kapitel

Sie saß auf ihrer Lieblingsbank im Lieblingspark, umgeben von alten Bäumen, die tatsächlich den Himmel zu berühren schienen – begleitet von Eichhörnchen und Vögeln, die sangen, sich zankten, fraßen – kurz, mitten im Paradies.

Heute hatte sie Geburtstag, 80 Jahre war sie geworden – und heute konnte auch sie den Himmel berühren.

80 Jahre alt – eine gute Zeit, um Bilanz zu ziehen. War es ein erfülltes Leben gewesen?
Das ja! Es war voll gewesen – bis zum Rand.
Voll gewesen mit Begegnungen, mit Kämpfen, mit Krankheiten, mit Schlägen, mit Untergängen, Verzweiflung und Suizidgedanken. Voll auch mit Liebe – Menschenliebe und Gottesliebe.
Voll auch mit Wundern!

Beides konnte sie jedoch erst seit 20 Jahren erkennen!

Victoria war ein Kind der Dunkelheit, hineingeboren in ein Haus voller Schatten. Zwei Drittel ihres Lebens hatte sie verzweifelt mit den Armen gerudert, um sich geschlagen wie eine Ertrinkende, um nicht unterzugehen.

Zweimal hatte sie aufgegeben – hatte, völlig alleine gelassen und vernachlässigt, versucht, den Untergang herbeizuführen. Es war ihr nicht gelungen. Zwei Drittel ihres Lebens in der Dunkelheit, die dann langsam, ganz langsam immer heller geworden war.
Die sie verwandelte und zu einer wirklichen Victoria, der Siegerin, werden ließ!

Nun, mit 80 Jahren, befand sie sich in einem strahlenden Leuchten und hatte keinerlei Angst mehr vor dem *Schatten*.

Keine Angst mehr vor *Menschen* (ihre schlimmste Angst) – vor *Bedrohung* – vor *Auflösung* – vor *Krankheiten* – vor *Unglück*!

„Ein Mensch, der keine Angst mehr hat, leuchtet!", hatte sie einmal gehört.

Ein kleines Lächeln huschte über ihr Gesicht...

Keine Angst mehr haben müssen – was für ein Geschenk!

Vor *Menschen*? Seitdem ihr Herz weit offen war für alles Menschliche, gab es sie nicht mehr.

Bedrohung? Victoria hatte ihr Geheimnis entziffert – ein Mensch fühlte sich bedroht, wenn er in seinem Innern *nichts* hatte, das ihn hielt – und damit war ihre Kraft gebrochen.

Auflösung? Sie war angekommen – bei sich und in der Welt.

Krankheiten? Vertraute Begleiter immer noch – aber sie hatten ihren Schrecken verloren.

Unglück? Sie hatte gelernt, alles anzunehmen, was geschah.

Sterben? War nie angstbesetzt gewesen – war wie endlich heimkehren zu dürfen nach einem langen Aufenthalt in der Fremde.

Schatten? Das war das Hauptgeschenk!

Sie hatte ihn endlich verstanden, in sich selber gewissermaßen erlöst. Sie hatte diesem Monster sozusagen ins Auge geschaut und es 'gestreichelt' – das war der Moment gewesen, an dem das erste Licht aufblitzte.

Ich habe ihn besiegt – in meinem Inneren und damit auch im Außen – lächelte sie glücklich.

...Was für eine lange Wanderung!

„Victoria," hatte Carlo, dieser ganz besondere Mensch, vor Jahrzehnten erklärt, „Du musst eines wissen:

Wenn wir geboren werden, sind wir unschuldig. Später müssen wir pulsieren ins Gegenteil, die Schuld! Wir können nicht unschuldig bleiben! Auf keinen Fall! – Am Ende geht dann der Weg zurück in Richtung Unschuld – um endgültig stehen zu bleiben in der Mitte."

Auf ihrer Bank sitzend, ging sie in Gedanken weit zurück auf diesem Weg von Dunkelheit zu Licht – von Nichtverstehen zu In-der-Tiefe-Erfassen – und sie erinnerte sich an eine andere Bank.

Eine, auf der sie zutiefst verzweifelt gewesen war – weit weg von dem Strahlen, in dem sie sich heute befand. ...

Und niemals an ein Strahlen im Zusammenhang mit ihr selbst glaubend.

* * *

Zweites Kapitel

Einen Fuß vor den anderen setzen – gleichmäßig – eintönig – Schritt für Schritt – immer im Kreis. Stundenlang. Ab und zu stillstehen vor einem Schaufenster und hoffen, niemand würde bemerken, dass sie schon zum x-ten Mal die gleiche Runde dreht. Scham, Verzweiflung, abgrundtiefe Trauer, abgrundtiefe Einsamkeit – das ja – ihr inneres Erfrieren jedoch spürt sie schon lange nicht mehr. Ein sinnloses Leben.

Wenn Vicky nach zahllosen, monotonen Runden voller Hoffnung auf ein Minimum an Vergessen oder das Geschenk eines einzigen wärmenden menschlichen Blickes, vielleicht sogar – wie vermessen – eines Lächelns, nach Haus zurückkehrt, hört sie den immer gleichen Satz ihrer Mutter: *„Du schon wieder! Geh weg! Du störst!"*
In allen möglichen Variationen.

Die Eltern werden, wie ständig, im Wohnzimmer sitzen, Karten spielen mit einem älteren, ungepflegten Mann, der ein Gummituch unter sich hat – der Raum wird wieder unangenehm riechen, und sie wird wie eine lästige Fliege mit einer Handbewegung verscheucht werden.

17 Jahre ist sie jetzt alt und sie erinnert sich genau: Viele andere direkte Ansprachen gab es nicht.
Doch – einmal – allein mit der kalten, gleichgültigen Mutter in der Küche:

„Glaubst du im Ernst, wir hätten *dich* gewollt? Wer will dich denn? Glaubst du wirklich, ich habe nicht versucht, dich zu 'verhindern'? Leider ist es nicht gelungen!"

Vicky hatte dabei ein Glitzern in ihren Augen gesehen, das von der Freude an der Verletzung zeugte und die sonstige Gleichgültigkeit wegwischte.

Sie hatte gerade Geburtstag gehabt, 12 Jahre war sie geworden, hatte die fremde Mutter stumm angestarrt und war dann, äußerlich vollkommen ruhig aber mit rasendem Herzen, in den Keller gegangen – voller Entsetzen denkend: Mütter sollten so etwas nicht sagen dürfen...

Und hatte wieder einmal ihren Kopf an die Wand geschlagen.

Und der Vater? Wenn sie an ihn dachte, überfielen sie Taubheit, Angst und auch Ekel.

Alles in ihr zog sich dann zusammen. Er war ein furchteinflößender Machtmensch, ein gewalttätiger Choleriker. Ihr kam er vor wie ein gefährlicher Riese. Er sprach wenig, ein Blick genügte und jede seiner vier Töchter erstarrte. Seine Sprache war das Stromkabel – das tat besonders weh, wenn er schlug.

Später erst sollte Vicky verstehen, warum sie ein stummes Kind mit geringem Wortschatz geworden war. Ihr hatte einfach die Erlaubnis gefehlt zu sprechen.

* * *

Drittes Kapitel

Im Zentrum von Vickys Heimatstadt gab es einen kleinen Park. Dorthin flüchtete sie immer nach ihrem Rundgang und fand 'ihre' Bank.

Der heutige Sonntag schien ihr der absolute Tiefpunkt zu sein. Das wenige Helle in ihrem Leben war ganz verschwunden und die schrecklichen Bilder rückten wieder nahe. Vor allem die beiden, die sie besonders peinigten und sie jedes Mal neu in den Abgrund stürzen ließen.

Das erste war ihr suchender Blick ins Universum. *Wo* war *ihr* Platz? Ihr ureigener Platz, von dem niemand sie vertreiben konnte! Der ihrem Dasein einen Sinn gab! Der ein wirkliches Zuhause war. Warm war. Wo war Geborgenheit? Wo gehört sie hin? Sie hatte gesucht, schon immer gesucht.

Das Universum war schwarz für sie. Ein ungeheurer schwarzer Krater – und mittendrin als einziger Punkt – sie selbst. Haltlos, trudelnd, verzweifelt, niemand da. Kein Platz da.

Das zweite Bild war ganz anderer Art. Und auch dieses Bild verfolgte sie quälend.

Die Mutter war eines nachts aus dem ehelichen Schlafzimmer ausgezogen.

„Vater schnarcht entsetzlich – geh du rüber!" Und sie schubste die 13-jährige Vicky aus dem warmen Bett (ihr einziger Ort kleiner Geborgenheit – hatte sie immer gedacht).

Zum absoluten Gehorsam erzogen, schlich sie auf nackten Füssen ins fremde Zimmer, ins fremde Bett, zu diesem fremden Mann. Verhielt sich, wie meistens, unsichtbar, nicht existent. Die Angst vor dem schnarchenden Riesen ließ sie

16

erstarren. Die Decke hochgezogen bis zur Nase – so lag sie bewegungslos wach. Irgendwann hörte das Schnarchen auf und dann kam die Hand …

Lange Zeit später, als das Schnarchen wieder einsetzte, war sie, am ganzen Körper zitternd, mit großer Angst vor ihm und auch vor der Mutter, in ihr Zimmer zurückgeschlichen. Extrem leise hatte sie versucht, zur Mutter in ihr eigenes Bett zu kriechen, an ihrem warmen Körper Trost zu finden.

Wieder eine Hand, (die zweite 'böse' Hand) eine, die sie erbost zurückstieß.
    „Geh weg! Du störst!"

Das war der Moment, in dem sie endgültig bis ins Mark erfror. Noch stärker erstarrt, legte sie sich mit Schüttelfrost auf den Bettvorleger, schlich dann noch einmal mit Panik ins Bad, um sich ein Handtuch zum Zudecken zu holen – und versuchte danach verzweifelt, tränenlos, schlafend zu vergessen.

Als Vicky sechzehn Jahre war, kam der Missbrauch überraschend zum Stillstand. Woran das lag, sollte sie nie erfahren. Der Vater ließ eines Tages eine Mauer mitten durch das große elterliche Schlafzimmer ziehen – die Mutter kehrte daraufhin zurück ins halbierte Schlafzimmer und Vicky hatte einen Scheinfrieden im eigenen Bett. Scheinfrieden – keine Basis für einen tiefen, entspannten Schlaf. Für viele, viele Jahre nicht.

Auf der Bank im Park öffnete sie ihre Augen, starrte ins Leere und rief stumm:

„Ach Carlo, du hast mir verschwiegen, dass alles auch noch dunkler – ganz schwarz – werden kann! ... Dann hilft gar nichts mehr – außer, dem Leben ein Ende zu setzen.

Hier hält mich doch nichts, gar nichts! Zweimal hab ich es schon versucht – selbst das ist mir nicht gelungen!

Carlo! Warum bist du weggegangen bis ans Ende der Welt? Warum? ... Und warum meldest du dich nicht? Jetzt ist es *tiefschwarz*, und niemand zeigt mir einen Funken Licht!"

* * *

Viertes Kapitel

Wo war Carlo? Einer der wenigen Lichtblicke in ihrem Leben – neben der zweitältesten Schwester Kathrin, der sie manchmal leidtat. Sie gab Vicky ab und zu etwas Geld für ein Eis – versuchte hin und wieder sie, wenn auch hilflos, zu trösten, wenn sie verzweifelt war – und hatte es doch selber schwer.

„Sieh dich doch an im Spiegel!", pflegte der Vater zu Kathrin zu sagen, „So hässlich wie du bist, nimmt dich doch keiner!"

Dann versank Kathrin – wieder einmal – in einer schweren, tagelangen Migräne, die sie liegend, im vollkommen abgedunkelten Zimmer, zu heilen versuchte.

Wo war Carlo?   ...

Hinter den Gärten der Häuser verlief ein schmaler Weg – schlecht einzusehen – auf dem sie sich verstecken konnte. An eine Mauer gelehnt, auf einem großen Stein sitzend mit ihren Hausaufgaben auf dem Schoß, träumte sie sich dort in eine andere Welt und versuchte, die sie umgebende Dunkelheit zu vergessen.

Eines Tages beugte sich jemand über sie und fragte: „Was machst du denn da?"

Zutiefst erschrocken schaute sie verängstigt hoch.

„Ich bin Carlo und wohne in der Nachbarschaft. Dich hab ich schon öfters gesehen. Du bist doch Vicky aus der Nummer 19, stimmt's? Wie alt bist du denn?"

„7!“

„Aha! Und ich bin 17. Sicher hast du mich auch schon mal gesehen?“

Schüchtern sah sie hoch, nickte und schaute dann sofort zurück in ihr Heft.

Carlo ging in die Hocke. „Brauchst du Hilfe? Ich helfe dir gerne. Darf ich mal sehen?“

Seine Stimme war sanft und warm – gar nicht bedrohlich. Vicky riskierte einen zweiten Blick. Seine Augen sahen sie anders an als ihre Eltern und Schwestern und hatten etwas an sich, das sie Jahrzehnte später als *'Güte'* definierte …
Mehr gehorsam als vertrauensvoll zeigte sie ihm ihr Schulheft und er setzte sich neben sie auf den Boden, studierte die Aufgaben und ihre Bemühungen und führte sie gewandt an die Lösungen heran.

Carlo war viel größer, stark, mit offenem Gesicht und Augen, die sie – ebenfalls später – zu dem Gedanken verführten, 'Er hat zwei kleine Herzen im Gesicht'.

„Vicky, vor mir musst du keine Angst haben! Niemals! Jetzt weißt du's noch nicht, aber irgendwann wirst du erkennen – ich bin dein bester Freund.“ Er lachte, „Dein zweitbester!“

Von da an besuchte er sie oft auf ihrem Stein an der Mauer, erfragte geschickt, wie es ihr ging und versuchte zu trösten, zu ermuntern und aufzubauen.

„Weißt du, meine kleine Vicky, es ist schwer zu verstehen, du bist ja noch so jung und kennst leider nur Dunkelheit – in dir ist, wie bei allen Menschen, ein *Licht*!

Nicht leicht zu begreifen, hab ich recht?

Das wollen wir wachsen lassen, wir beide – dann geht es dir besser! Vielleicht schaffen wir das ja?"

„Bist du sicher, Carlo? … Haben meine Eltern denn auch so ein Licht? Und meine Schwestern? … Und der unangenehme Freund meiner Eltern? Und was ist das für ein Licht?"

„Ja! Jeder und alles hat so ein Licht! Manchmal ist es so tief versteckt, dass man es nicht sehen kann und lange danach suchen muss. Dann ist es wie zubetoniert, weißt du?

In dem Stein, auf dem du gerade sitzt z.B. Oder in Menschen, die Entsetzliches tun.

Man kann es aber trotzdem manchmal fühlen.

Denk nach, kleine Vicky, wann spürst du denn das Licht in deinem dicken Stein?"

Vicky strengte sich an: Der Stein war groß, braun, schmutzig.

„Er ist da – ist es das? … Es gibt ihn …

Er ist mir treu … manchmal sogar warm."

„Noch mehr!"

„Noch mehr? Er stützt mich und hält mich."

„Bravo, meine Kleine! Du lernst es!"

„Aber Mutter hat keins! Bei ihr friere ich immer! Und Vater überhaupt nicht! Bei ihm habe ich nur Angst. Ich werd immer ganz steif, wenn er da ist und dann fühle ich gar nichts mehr!"

„Du fängst doch gerade erst an zu leben! Sei geduldig – auch bei ihnen wirst du eines Tages ein Licht entdecken – das weiß ich! Du bist doch gerade erst 7 Jahre alt geworden!"

„Wie findet man denn dieses Licht, Carlo?"

„Du musst deine Augen weit aufmachen und suchen. Suchen nach allem, was schön ist.

In der Dunkelheit am Abend schau nicht zuerst auf den Boden. Schau auf die *Sterne* – betrachte sie ganz genau! Die wenigsten Menschen sehen leider aufmerksam zum Himmel.
Sie sind zu sehr mit Unwichtigem beschäftigt und vergessen dabei den Blick nach oben!

Wenn du das Leuchten der Sterne entdeckst, beginnt es auch in deinem kleinen Herzen zu funkeln. Es kann sogar sein, dass du für einen Moment deinen Kummer vergisst.

Und am Tag sieh bitte nicht verschämt nach unten. *Mach deine Augen weit auf und suche nach etwas, das leuchtet ...* z.B. eine Katze, die in der Sonne liegt ... ein Baum, dessen Blätter tanzen ... ein Baby ...

Deine Augen können doch alles übersehen! *Warum hast du sie auf eng gestellt?*

Tu's für mich, meine Kleine! Schau *weit nach oben*, nach rechts und links – ja – dann auch nach *unten*. Aber nicht voller Scham, sondern um auch dort *Schönes* zu entdecken: ein Kleeblatt … einen Marienkäfer … die Wunderwelt der Ameisen … einen Schmetterling … ein Gänseblümchen als kleiner irdischer Stern …"

„Bei den Menschen finde ich kein Licht. Bei dir ja – und manchmal auch ein wenig bei Kathrin."

„Schaust du dir denn die Menschen genau an, meine Kleine? Du siehst doch immer nur auf den Boden! Hast du schon einmal in die Gesichter gesehen?"

Entsetzt schaute Vicky hoch. „Carlo! Das geht überhaupt nicht! Das macht mir Angst – ich hab doch so viel Angst vor Menschen!"

„Wollen wir es zusammen ausprobieren, Vicky? Wollen wir eine kleine Runde drehen? Und du versuchst an meiner Seite, Licht in den Augen der anderen zu entdecken? Es passiert dir nichts, ich verspreche es dir!"

Sie gingen nicht weit – Vicky musste üben, ihre Augen nach oben zu richten, nicht wegzuschauen und Licht in den Augen der Entgegenkommenden zu entdecken.
    Dabei klammerte sie sich fest an Carlos Hand – wie an einen Rettungsring.

Es war ein Anfang, ja! Aber nicht übermäßig erfolgreich. Die große Angst hatte wohl das Erkennen verhindert, meinte Carlo. Sie würden es immer wieder versuchen – bis die Angst an seiner Seite geringer wurde und sie verstand.

* * *

Fünftes Kapitel

Vicky machte ihr Abitur – und wusste nicht, wie weiter? Wie ihre drei Schwestern hatte auch sie keine eigenen Ideen oder Wünsche äußern dürfen. Sie hatte allerdings auch gar keine eigenen Ideen oder Wünsche gehabt. Sie lebten schließlich in den 50er Jahren – die Zeit der schwarzen Pädagogik; die Zeit, in der Kinder nichts galten und alles verboten wurde, damit man sie nicht zu unbequemen 'kleinen Tyrannen' erzog.

Sie wusste einfach nicht, was sie sich wünschte.

Es ging ja auch nicht ums Wünschen.

Es ging einzig und allein ums Überleben – an jedem einzelnen Tag.

„Du bist meine Schönste – du wirst einmal einen Millionär heiraten!"

Geld und Erfolg waren das Wichtigste für ihn. Das hatte der Vater also schon früh bestimmt – und das war beschlossen.

Damit sie nach dem Abitur 'nicht auf dumme Gedanken kam' und eventuell heimlich weglief, hatte er ihr das Taschengeld auf ein ungefährliches Minimum gekürzt und den Pass weggenommen. Auf die Idee wegzulaufen wäre sie allerdings nie gekommen. Da draußen lauerten zu viele Gefahren. Nein, das war nicht die Lösung.

So wurde das Leben noch stumpfer. Vicky war achtzehn Jahre alt – volljährig war man erst mit einundzwanzig – und sie lebte nun das Leben einer Gefangenen. Sie las, spielte Klavier, half sehr viel im Haushalt und wurde noch unsichtbarer. Freundinnen hatte sie keine. Freunde schon gar nicht. Jemanden mit nach Hause bringen? Undenkbar!

Nach sechs Monaten 'Arrest' lud Kathrin, die schon vor drei Jahren den Sohn eines väterlichen Freundes geheiratet hatte, Vicky zu einer Geburtstagsfeier am Abend ein – was noch nie vorgekommen war. Aufgeregt und natürlich ängstlich – wie immer – ging sie hin.

Sie war noch nie ausgegangen – schon gar nicht am Abend. Schwester und Schwager Fritz hatten viele Gäste. Natürlich alle fremd. Vicky saß mitten unter ihnen, schaute neugierig und interessiert – aber auch still und schüchtern – auf alles, was passierte, sog alles ein.

Und alles machte ihr Angst. So etwas würde sie nie schaffen! Gäste haben, Gäste unterhalten – wobei Fritz das Meiste übernommen hatte – wissen, was zu tun war.

Woher wusste Kathrin das alles? Sicherlich hatte Fritz ihr Nachhilfe gegeben.

Alle drei älteren Schwestern waren mittlerweile verheiratet – gleich nach dem Abitur – ohne Beruf. Ihr chauvinistischer Vater war nach jeder Geburt seiner Töchter bitterböse gewesen! Wieder kein Sohn! Also mussten so schnell wie möglich Schwiegersöhne her.

„Du bist also Kathrins kleine Schwester Vicky!", sprach sie ein großer, sportlicher, blonder Mann an. Er war wohl im gleichen Alter wie Fritz, vermutete sie.

„Ich bin Wolfgang, ein sehr guter Freund von Fritz, und heute auf Heimatbesuch. Ich bin hier geboren und aufgewachsen, lebe aber schon lange in München – daher kannst du mich nicht kennen. Und du? Was machst du?"

Eine solch persönliche Frage war Vicky nicht gewohnt. Sie wurde rot und sehr verlegen.

Ich kann doch unmöglich antworten 'Nichts'. Dabei war dieser Wolfgang sicherlich längst über alles informiert – von Kathrin, auf des Vaters Geheiß.

Eine gute Antwort fiel ihr ein: „Ich mache Ferien – ähnlich wie du!"

Wolfgang zog einen Stuhl heran und setzte sich neben sie. Eine völlig neue Situation.

Vickys Herz begann zu rasen. Dieser Mann war stark, fünfzehn Jahre älter als sie, erfolgreicher Unternehmer, eine Autorität – und angsteinflößend – also alles genau wie ihr Vater!

Sie betete 'oh nein, bitte nicht! Ich kann das nicht! Nicht so schnell! Das kann doch niemand wollen! Ich muss den näheren Umgang mit Menschen doch erst lernen. Erst recht den mit Männern! Ich bin doch von Kind an nie mit Jungs zusammen gewesen – auch nicht in der Schule! So etwas muss doch geübt werden!

Und Carlo? Ist eben etwas ganz anderes! Ist kein Mann in dem Sinn. Eines Tages werde ich herausfinden, wer und was er ist. Eines Tages! Bis jetzt ist er ein Weiser für mich – etwas ganz Besonderes. Eben kein Mann wie die anderen, wie dieser hier z.B.

Schickt mir Carlo! … Bitte! … Ich muss ihn unbedingt um Rat fragen!'

„Halloooo! Wo bist du? Deine Gedanken wüsste ich gerne! HIER bin ich!"

26

Der Mann neben ihr forderte ihre Aufmerksamkeit.

„Ich habe dich gefragt, ob du morgen einen Ausflug mit mir machen möchtest? Ich bleibe eine Woche hier und habe viel Zeit."

Wieder wusste Vicky nicht: *Sollte* sie? *Musste* sie? Oder *durfte* sie absagen? Eine eigene Entscheidung treffen, das war neu. Sie schwieg und dachte nach. Und Wolfgang, ungeduldig und gewohnt zu bekommen, was er wollte, wandte sich an Kathrin.

„Kathrin, leg du doch bitte ein gutes Wort für mich ein! Ich möchte mit Vicky einen Ausflug machen, sie äußert sich aber nicht!"
Er bat um Schützenhilfe.

„Selbstverständlich fährst du mit, Vicky!"

Auch Kathrin, die erwachsene Kathrin, duldete wie fast alle Menschen in ihrer Nähe, keine Widerworte. Ohne einen einzigen Ton von Vicky war der Ausflug also beschlossene Sache.

Es war die erste Maiwoche, mit herrlichem Wetter – Wolfgang holte sie ab mit einem teuren Sportwagen, ihr Vater strahlte genau wie die Sonne und Vicky gehorchte mit großer Angst und ebenso großer Neugier. Was würde heute wohl alles passieren?
Schönes? Hässliches? Neben Vater und den drei Schwägern, die sie, so gut es eben ging, immer gemieden hatte, war er einer der wenigen Männer in ihrem Leben – und der erste, der sich ihr näherte.

Mit allem Mut, den sie aufbringen konnte – unsichtbar werden, wäre jetzt die Lösung gewesen – stieg sie mit klopfendem Herzen ein.

Wolfgang war gut erzogen, souverän, wusste genau, was er wollte und hatte das Ziel schon bestimmt. Sie fuhren zum nahegelegenen großen Fluss, und, dort angekommen, machte er ihr eine wirkliche Freude. Sie würden einen Ausflug mit dem Schiff machen!

Das war etwas, das sie sich schon als kleines Mädchen, durch schöne Bilder inspiriert, sehr gewünscht hatte.

So geschah es, dass Vicky ein wenig auftaute und so gelangen Gespräche über Allgemeines.

Persönliche Fragen stellte er nicht – was ihr mehr als recht war. Blieben ihr doch auf diese Weise Verlegenheit, Stottern und Erröten erspart!

Es wurde ein langer erster Ausflug mit einem Fremden. Und er war gut ausgegangen.

Irgendwann hatte sie ihn nicht mehr als Bedrohung empfunden – nur noch als schrecklich fremd. Persönliche Gefühle hatten sich nicht entwickelt – aber Dankbarkeit!

Solch ein außergewöhnlicher und schöner Tag! Natürlich war sie auch heute auf der Hut gewesen, aber Vicky hatte ebenso gespürt, dass die gewohnte Anspannung im Lauf des Tages etwas nachließ. Zumindest bis zum Klingeln an ihrer Haustür.

Wolfgang hatte sich formvollendet verabschiedet und sie gleich für den Rest seiner Urlaubswoche 'gebucht'. Hätte eine Absage Aussicht auf Erfolg gehabt? Hatte sie überhaupt die Fähigkeit 'Nein' zu sagen? Also war es beschlossene Sache.

Vicky war müde und klingelte lange ein zweites Mal – es dauerte, bis die Tür geöffnet wurde.

Der Schreck fuhr ihr in die Glieder. Vor ihr stand der Vater! Ihr Vater, der *niemals* selbst die Haustür öffnete! „Dafür habe ich genügend weibliches Personal!"

Weder Mutter noch Schwestern hätten jemals den Mut gehabt zu sagen: „Machst *du* bitte mal die Tür auf?"

Mit großen Augen starrte Vicky ihn entsetzt an.

„Na?", fragte er überraschend gutgelaunt, „Wann heiratet ihr? Ist es ausgemacht?"

Die Schönheit des Tages schrumpfte wie ein kaputter Luftballon und alles Erlebte bekam einen schalen Beigeschmack.

Das war es also! Ein abgekartetes Spiel! Vicky schrumpfte auch – und war wieder die letzte Tochter im Arrest. Hatte sie wirklich eine *Wahl*? … Und – *wie* wählte man?

Verstummt und klein huschte sie ohne Antwort am gefürchteten Vater vorbei in ihr Zimmer – betend, dass er sie in Ruhe ließ.

Überzeugt, dass alles nach seinen Plänen lief, ging der Vater zufrieden zurück ins Wohnzimmer.

* * *

Sechstes Kapitel

Sechs Wochen später, im Juni, war die zweite Begegnung. Wolfgang hatte es eilig, sie erneut zu treffen – die Mutter predigte, wie immer, absoluten Gehorsam: „Vergiss nicht, die Frau sei dem Manne untertan!" Und so fuhr Vicky nach München.

Nicht aufgeregt oder ängstlich, nein – sie handelte wie immer – ein schöner, stummer Automat, der Wünsche erfüllte.

Im eigentlichen Sinne war der Aufenthalt in München auch angenehm – ohne ängstigende Vorkommnisse – d.h. bis zum letzten Tag ihres Besuches. Sie unternahmen dreimal lange Ausflüge, die ihr gefielen. Wolfgang hatte sie beide im Bayrischen Hof untergebracht, führte sie in die besten Lokale, verwöhnte sie, wo und wie er konnte. Da sie das Verwöhntwerden nicht kannte, war sie ständig verlegen – was wiederum für ihn ungewohntes weibliches Verhalten war und ihn umso mehr entzückte.

Am 4. Tag, dem Tag vor der Abreise, schlenderten sie über den Stachus – er hatte mit festem Griff Vickys Hand gepackt, fragte: „Und? Was sind deine Pläne für die Zukunft?"

„Ich hab keine! Erst muss ich einundzwanzig werden – dann wird sich etwas finden!"

„Aber du musst doch wissen, was du dann willst!"

„Muss ich das? Mein Vater duldet keinen eigenen Willen." (Vielleicht, dachte sie nach, bei einem Sohn?)

„Das macht nichts. Dann heiraten wir eben!"

Seine Hand drückte ihre noch fester. Sie versuchte, sie zu entziehen – er hielt fest.

Trotzdem blieb sie abrupt stehen, starrte ihn entsetzt an. Bei aller Lähmung und der Starre und des Sprachmangels und der vielen Ängste gab es doch ganz in der Tiefe eine große Sehnsucht nach Ankommen – Gesehenwerden – Berührtwerden – und ganz besonders nach einem r o m a n t i s c h e n Heiratsantrag!

„Dann gehen wir eben ins Kino", hätte er auch sagen können – in der gleichen Tonart.

Sie starrten einander an – Vicky fehlten die Worte. Wolfgang ließ endlich ihre schmerzende Hand los. Auf seiner Stirn begann eine Ader zu pochen, sein Gesicht lief rot an. Er wartete auf eine Antwort. Plötzlich lag Bedrohung in der Luft – plötzlich übernahm die Angst. Die gleiche Bedrohung und die gleiche Angst, die sie stets bei ihrem Vater empfand.

„Ich w a r t e , Vicky!"

„Jetzt kann ich nicht antworten!"

Immerhin, aus ihrem Mund waren Töne herausgekommen.

Wieder packte Wolfgang Vicky an der Hand und zerrte sie schweigend und verärgert neben sich her.

Vicky spürte, dass er nicht bereit war zu sprechen, bis sie JA gesagt hätte. Wo war denn nun der Gentleman geblieben? Der ritterliche Verehrer?

'Carlo?! Und wo bist *du*? Ich brauche dich! Hilf mir doch!'

(Von ihm hatte sie seit seiner Abreise nach Neuseeland nichts mehr gehört!)

'Vicky! Du bist ganz alleine – du *musst* jetzt den Mund öffnen und irgendetwas sagen', dachte sie verzweifelt.

„Dann heiraten wir eben."

Das war's – das war das magere Ergebnis ihres 18-jährigen Lebens. Das war's. Und das sollte ihr Leben radikal verändern!

Wolfgang entspannte total, verlor seine Röte, seine Bedrohlichkeit und seine Kälte – mutierte wieder zum Ritter – und – ja, das war er – war glücklich.

Am nächsten Abend öffnete der Vater zum zweiten Mal in ihrem Leben persönlich die Haustür und empfing seine Jüngste mit erwartungsvollem Blick:

„Und? Wie war's? Habt ihr *jetzt* übers Heiraten gesprochen?"

„Ja – haben wir."

„Und? Rede endlich!"

Leise: „Wir heiraten."

Ihr Vater platzte fast vor Freude. Es war, als hätte *er* den Heiratsantrag bekommen.

„Großartig! Großartig! Das ist endlich der Millionär, auf den ich gehofft hatte! Großartig!"

Seine Geldgier war noch größer als die missbrauchende 'Liebe' zu dieser Tochter.

Die drei anderen Schwiegersöhne waren übrigens alle 'gut betucht'.

Die drei anderen Töchter waren übrigens alle gleich unglücklich.

Am nächsten Tag nahm der Vater sie beiseite:

„Eines musst du wissen, Vicky – jetzt bist du verlobt!
Wage ja nicht, eines Tages mit dem Koffer vor der Tür zu stehen! Ich lass dich nicht mehr rein!"

Eine Falle – sie war tatsächlich in eine Falle geraten!
Vicky ging hinunter in den Keller und schlug den Kopf an die Wand.

„Carlo! Wo bist du? Ich bin so entsetzlich alleine …"

* * *

Siebtes Kapitel

Das dritte Treffen fand in Zürich statt. Ein Freund von Wolfgang heiratete und natürlich begleitete Vicky ihn als seine Verlobte. Sie war, wie immer, ängstlich und natürlich auch aufgeregt. Die 'große weite Welt' war ihr ebenso fremd wie der nächste Planet.

Am liebsten hätte sie die ganze Fahrt über geschwiegen – Wolfgang forderte jedoch 'sein Recht auf Unterhaltung' ein: „Ich bin der Fahrer! Und du hast die Pflicht, mich zu unterhalten!" ... Damit war sie hoffnungslos überfordert.

Am Vorabend der Trauung bekam Vicky zwischen Begrüßungsempfang und festlichem Abendessen eine kurze Unterhaltung der beiden Freunde mit:

„Hast gut eingekauft!", sagte der Bräutigam und klopfte Wolfgang jovial auf die Schulter.

„Du aber auch!", gab Wolfgang grinsend zurück.
Die zutiefst erschrockene Vicky vergaß zu atmen.

Das Dinner verlief harmonisch. Vicky war der zweite Mittelpunkt des Abends – alle waren angetan von ihr. Zum ersten Mal bemerkte sie jetzt, dass Wolfgang gerne und viel trank. Sie kannte keine Betrunkenen – nicht in ihrer Umgebung. Der Vater duldete es nicht. Auch nicht bei einem seiner Schwiegersöhne. Und so war sie nicht vertraut mit dem Verhalten betrunkener Menschen. Und auch nicht mit den Gefahren im Umgang mit Alkohol.

Der Abend war zu Ende – Wolfgang hielt sich an ihr fest, mit starkem Klammergriff.

Er konnte auch noch unterscheiden zwischen seinem und ihrem Zimmer. Der künftige Schwiegervater hatte ihm zwar sehr deutlich gemacht, dass seine Maxime war: „Vor der Ehe kein 'Beischlaf'!" Und so waren auch zwei (nebeneinanderliegende) Zimmer gebucht worden.

Allerdings setzte jetzt der Alkohol alle Verbote außer Kraft – und Vicky wurde wieder an seine große körperliche Stärke erinnert, die sie schon in München kennengelernt hatte. Sie geriet augenblicklich in Panik – wusste genau, dass sie zu schwach war, um sich aus seinem harten Griff zu befreien.

In seinem Zimmer angekommen versuchte er mit Bärenkräften, seine junge, unerfahrene Verlobte auf das Bett zu werfen. Vicky war völlig überfordert – wehrte sich aber instinktiv.
   Da kam die dritte Hand und schlug zu. ...

Irgendwie gelang es ihr nach einer Weile ihn zu überlisten und zu flüchten – Wolfgang war zu betrunken gewesen, um sein Ziel zu erreichen.
Die erstarrte Vicky verbrachte die ganze Nacht auf dem Balkon. Es gab nur drei Gedanken, gebetsmühlenartig wiederholt:

'Ich darf diesen Mann nicht heiraten'
'Wage ja nicht, mit dem Koffer vor der Tür zu stehen'
'Wo ist ein Schlupfloch? Zu wem kann ich fliehen?'

* * *

35

Achtes Kapitel

Das vierte Wiedersehen war fünf Wochen später am Tag der Hochzeit. Eine perfekte Hochzeit – mit strahlendem Sonnenschein – strahlenden Brauteltern (Wolfgangs Eltern lebten beide nicht mehr) – strahlenden Gästen und natürlich einem strahlenden Bräutigam.

Die 'entzückende' Braut strahlte auch – allerdings nicht von innen wie alle anderen. Sie war die gleiche Marionette wie früher. Nur, dass jetzt die Fäden von einem anderen Mann gezogen wurden. Und so versuchte sie – auch genau wie früher – die Wünsche ihrer Umgebung zu erfüllen. Dabei wurde sie beneidet von vielen Frauen, und abgelehnt – hatte sie sich doch den erfolgreichen, reichen, gutaussehenden und also sehr begehrten Junggesellen 'geangelt'!

Es war eine gelungene Feier, bei der der frisch getraute Ehemann sehr glücklich war und sich nicht betrank. Der Respekt vor dem Schwiegervater hatte wohl Schlimmes verhindert.

Dann begann der Alltag für beide. Es gab die guten Tage, an denen in seinem großen Unternehmen nichts schief lief – an denen auch im Unternehmen 'Ehe' alles gut ging.

An denen seine schöne Ehefrau sich genauso verhielt wie gefordert und an denen Wolfgang Vicky zur Belohnung auf Händen trug.

Wolfgang liebte Vicky. Ohne Zweifel! Er liebte sie „so sehr", dass er sie wirklich zu seinem Geschöpf machen wollte. Sein 'Besitz' war sie ja ohnehin.

„Niemals hätte ich eine ältere Frau geheiratet – eine Frau, die ich nicht hätte formen können!", hatte er dem Zürcher Freund erklärt. Beide waren nicht umsonst befreundet.

Auch der Freund hatte sich eine blutjunge Braut gesucht.

...

Die Jahre vergingen – Vicky entwickelte, unentdeckt, eine schlimme, chronische Krankheit. Das ständige Unterwerfen, die konstante innere Anspannung und die Angst vor Wolfgangs Gewaltexzessen begannen, etwas in ihrem Körper zu zerstören.

Ihr stummer Schrei nach Hilfe, nach Carlo, wurde immer häufiger.

Vicky quälte sich. Sie hatte ständig Schmerzen, behielt nach einiger Zeit kaum noch Nahrung bei sich, fühlte sich nur noch elend, wurde immer dünner und immer depressiver – bis hin zu entsetzlichen Panikattacken.

„Da ist ein schreckliches Tier, das mir immer häufiger an die Kehle springt."

Das waren die einzigen Gefühle. Ansonsten begann sie langsam nichts mehr wahrzunehmen. Die Umwelt verschwand mit der Zeit in einem Nebel und ihr Mann wurde zu einem Fremden.

Zu Beginn hatte Wolfgang eine Weile versucht, 'diesen Teufel' aus ihr heraus zu schlagen. Später dann schrie er sie an:

„Verdammt! Geh ins Schlafzimmer, damit man dich nicht sehen muss!"

Er war überfordert und wurde selber hilflos. Psychiater, Psychologen, Spezialkliniken gab es in den sechziger Jahren kaum oder gar nicht. Sie wohnten auf dem Land in einem bayrischen Dorf. Hausärzte? Ebenfalls überfordert. Man sprach vor allem nicht über seelisches Befinden.

Ihr Mann wusste keine Lösung. Allerdings wurden mit der Zeit seine unkontrollierten heftigen Aggressionsschübe immer seltener. Was ihm noch blieb, waren Wegschauen, Leugnen und der Alkohol. Auch er war unglücklich, kein Zweifel!

* * *

Neuntes Kapitel

„Wenn es uns nicht gelingt, das Ruder herumzureißen, haben Sie höchstens noch ein Jahr zu leben!", sagte der Hausarzt eines Tages.

Auch er wusste nicht mehr weiter. Nie wäre Wolfgang auf die Idee gekommen, nach München zu fahren und einen Arzt zu suchen, der Hilfe wusste.

Und Vicky, die fremdbestimmte Vicky, schon gar nicht. In ihrer inneren Dunkelheit sah sie weder das Licht, von dem Carlo einst gesprochen hatte, noch eine Lösung. Das Einzige, was ihr noch blieb, war der Zwang, ihrem Leben ein Ende zu setzen.

Wieder einmal stand sie am Fenster in ihrem Schlafzimmer – einfach so, schaute hinaus und nahm doch nichts wahr.

„Vicky! Wach auf! Vicky, ich bin's, Carlo! Ich bin hier! Ich bin bei dir! Ich passe auf dich auf! ... Du darfst nicht gehen! ... Noch nicht – und so nicht! Dein neues Leben wartet auf dich. Ich weiß, du kannst es im Moment nicht verstehen, aber jetzt – genau jetzt – fängt es an!"

Es dauerte eine Weile bis Vicky Arme um sich spürte, die Wärme ausströmten, und, nach einer gefühlten Ewigkeit, das innere Eis antauten.

Es dauerte auch, bis der Nebel, in dem sie feststeckte – bis der Panzer, der ihre Gefühle einschloss – bis das Leben, das täglich ein wenig mehr versickerte – bis das alles vor einer kleinen Spur Lebendigkeit zurückwich – Lebendigkeit und Bewusstsein.

Die Schmerzen in ihrer Körpermitte allerdings blieben.

Sie war Vicky, stand in ihrem Schlafzimmer, gehalten von einem Mann, der immer wieder flüsterte:

„Es ist gut, meine Kleine! Jetzt bin ich da. Es ist gut, Victoria – wach auf – schau mich an!"

Es dauerte immer noch, bis Vicky die Realität erfasste: *Carlo* hielt sie und sprach mit ihr – sie träumte also nicht. Dies hier war Wirklichkeit – sie konnte ihn anfassen!
Sie musste sich aufs Bett setzen, starrte ihn an – dann nahm Carlo Platz an ihrer Seite.

„Carlo! Wo kommst du her? Wo bist du gewesen?", flüsterte sie. „Leben wir beide noch? Ist das kein Traum?"

„Nein, geliebte Victoria, du träumst nicht! Im Gegenteil, du bist gerade dabei, aus einem schlimmen Traum zu erwachen!"

Lange war es still.

„Wie kommt es, Carlo, dass du hier bist? Wie bist du hier hereingekommen? Hat Wolfgang dich nicht verprügelt? Wo ist Wolfgang?"

Vicky sprach langsam, als müsse sie das Sprechen erst wieder lernen.
„Werde ich gerade verrückt?"

Sie umklammerte Carlos Hand mit dem Gefühl, nur durch diese eine Hand könnte sie weiterleben, eine der wenigen guten Hände.

„Hab Geduld. Wir haben alle Zeit der Welt – und ich werde gerne deine tausend Fragen beantworten, meine wunderbare Victoria – wenn ich kann.

In Neuseeland habe ich gespürt, dass es dir sehr schlecht geht. Als Erstes habe ich versucht, deine Eltern zu erreichen. Das ist mir auch relativ schnell gelungen.

Aber dein Vater hat sich geweigert, mir irgendeine Auskunft zu geben. Deine Schwester Kathrin hat mir dann weitergeholfen. Danach habe ich deinen Mann kontaktiert und ihm erklärt, dass ich ein uralter Freund aus Kindertagen bin.

Er hat sich durch die Ängste und Sorgen der letzten Jahre verändert. Meine Antworten auf eine Menge misstrauischer Fragen haben ihn dann wohl überzeugt, mich zu dir zu lassen. Besonders da wir beide der Meinung waren, dass *ich* vielleicht in der Lage wäre herauszufinden, was dir helfen könnte. Und so bin ich jetzt endlich bei dir – um so lange bei dir zu bleiben, bis es dir besser geht!“

* * *

Zehntes Kapitel

Vicky starrte Carlo lange an. Alles war nicht eingedrungen, aber *„ich bleibe"*, das hatte sie ganz klar vernommen. Es war, als würde sie wirklich wach werden – als begänne ihr Gehirn langsam wieder zu arbeiten – in kleinen Schritten. Es schien, als kehrte, ebenfalls langsam, ein wenig mehr Lebensenergie durch die liebevolle, warme Hand in Psyche und Körper zurück. Und damit tauchten auch unzählige Fragen auf.

„Warum tust du das? Was hast du in meinem Leben zu suchen? … Und woher weißt du, dass ich dich unzählige Male gerufen habe? … Wieso weißt du, dass es mir so schlecht geht? … Ich verstehe nichts – gar nichts".

Sie schüttelte den Kopf, sprach immer noch leise und schleppend.

„Erklär's mir bitte – aber so langsam, dass ich es verstehen kann."

„Dann hör mir jetzt gut zu, geliebte Victoria. … Ich bin dein *Seelenzwilling* – deine *Dualseele*!

Jede Seele im Universum hat ihre Zwillingsseele! … Versuche, dich an das Bild von Yin und Yang zu erinnern. Beide sind eine Z w e i h e i t in der E i n h e i t – umschlossen von einem Kreis.

Leider sehen wir Menschen nur die Gegensätze – die Einheit dahinter – verbunden von eben diesem Kreis – nehmen wir jedoch nicht wahr.

Du musst wissen, die Gegensätze ergänzen einander!

42

Ich k a n n dich gar nicht verlassen – körperlich ja – aber see-lisch niemals! Und du mich auch nicht! Deshalb habe ich so intensiv gespürt, dass es dir sehr schlecht geht! Und *deshalb* auch konnte mich nichts davon abhalten, zu dir zu kommen!"
Dann sagte er sehr langsam:
„*Du bist ich und ich bin du!* – Verstehst du das, Victoria?"…

Wieder gab es eine lange Pause.

„Habe ich deshalb seit Kindertagen so eine tiefe Sehnsucht nach dir, Carlo? Ist das die *Wahre Liebe*, von der jeder spricht?"

„Das erste: ja! Das zweite: nein! *Zwischen uns ist eine tiefe Liebe, die niemand zerstören kann! … Sozusagen eine göttli-che Liebe! …Von Beginn an da. …*
Die Wahre Liebe muss gewissermaßen erarbeitet werden – in vielen, vielen gemeinsamen Leben mit demselben Part-ner! Sie wächst in jedem partnerschaftlichen Leben mehr und mehr – und ist daher besonders kostbar!

Weil sie gereift ist durch viele Erfahrungen, NIEDERLAGEN, VERLETZUNGEN, VERZICHTE und auch KOMPROMISSE. Aber durch das LERNEN, durch das VERSTEHEN – durch ACHTUNG, VERTRAUEN und auch LOSLASSEN wird sie nach vielen gemeinsamen Inkarnationen irgendwann zur wahren Liebe.

Zu einer Liebe, die ebenso nicht mehr zerstört werden kann. Eine, die die Dunkelheit einer Ego-Liebe endgültig überwun-den hat. Und doch immer eine irdische Verbindung bleibt!

*Eine irdische Verbindung oder Ehe hat den tieferen Sinn des
Lernens aneinander – weniger den Sinn, glücklich zu werden.
Sie ist auf Erden geschlossen und kann auch jederzeit auf Erden wieder geschieden werden – denn sie ist geschlossen worden durch einen irdischen Vertrag und durch ein Versprechen.*

*Die Verbindung zwischen Zwillingsseelen nennt man eine
'himmlische Ehe' – 'eine Ehe, die im Himmel geschlossen ist'.
Und – 'die der Mensch nicht scheiden kann'! ... Nur diese!*

Dein Mann muss den Unterschied gespürt haben, denn seltsamerweise ist er nicht eifersüchtig geworden."

Vicky wollten die Augen zufallen, Carlos Anwesenheit war
jedoch so kostbar für sie, dass sie sich unbedingt noch einmal
vergewissern wollte, bevor sie nachgab:

„DU bist mein *zweites* ICH?"

Carlo nickte: „*Wir sind e i n ICH mit z w e i getrennten Persönlichkeiten – YIN und YANG – männlich und weiblich.*
    Da meine Entwicklung ein wenig weiter fortgeschritten ist,
darf ich dein 'Entwicklungshelfer' sein – dein Lehrmeister,
der dir hilft, von *Vicky*, dem kindlichen, unschuldigen Wesen
zu *Victoria*, der erwachsenen Frau, der *Siegerin* zu werden!

Halte durch – bitte! Victoria, gib nicht auf!
*Denn dein wirkliches Leben beginnt genau j e t z t ! Auch
wenn die Dunkelheit dich umhüllt und du das Licht scheinbar
verloren hast! ...
    Immer wenn du glaubst, es geht nicht mehr – beginnt gerade
dein nächster Wachstumsschritt!"*

„Danke Carlo! …Ich bin sooo müde."

Victoria ließ sich auf das Bett sinken und schlief in derselben Minute ein – das erste Mal seit langem.

* * *

Elftes Kapitel

Carlo, der Vielgereiste, wusste im Gegensatz zu Wolfgang, was zu tun war. Er fand den richtigen Arzt in einer Spezialklinik in München, die richtige Medizin für Victorias abgemagerten, geschwächten Körper – sie wog mittlerweile nur noch 45 Kilo – und auch das richtige Mittel für ihre geschundene Seele ohne Lebensmut. Und er bewirkte alleine durch seine Anwesenheit, dass die Dunkelheit, in der sie alle lebten, ein wenig heller wurde.

Wolfgang, der seit Beginn ihrer Krankheit ständig geschwankt hatte zwischen totaler Hilflosigkeit gepaart mit großem Selbstmitleid und aggressiven Anfällen, in denen er sie schüttelte: „SO will ich dich nicht! Verdammt!" und auch zuschlug – hatte resigniert.

Carlo war ein warmherziger, liebevoller, sehr geduldiger, aber auch starker Mann geworden.
Im Grunde war *er* die beste Medizin für Victoria. Bei ihm konnte sie *sein*, ohne zu müssen. Konnte atmen ohne Angst und seit seiner Erklärung ihrer Verbindung miteinander lernte sie zum ersten Mal in ihrem Leben zu vertrauen. Vertrauen war auch Balsam. Sie konnte ihre Hand in seine legen und sicher sein, dass diese Hand sich nicht gegen sie wenden würde.

Täglich entführte er sie sanft, aber bestimmt, zu zunächst kleinen, dann immer länger werdenden Spaziergängen in die herrliche Natur des Alpenvorlandes. Und Viktoria konnte nach und nach ihre vielen Fragen, vor allem die Fragen nach dem *Warum*, stellen.

„Was ist los mit mir, Carlo? Viele Male am Tag springt mich ein wildes Tier an und droht, mir die Kehle durchzubeißen! Dann könnte ich um mich schlagen vor Panik – mein Herz rast – der kalte Schweiß bricht aus – und ich möchte nicht mehr leben.

Ich möchte, dass die ganze Qual endlich ein Ende hat! Ich möchte meinem Leben ein Ende setzen. …Das ist bis jetzt der absolute Tiefpunkt!

Sag mir, was los ist, Carlo! Warum geht es mir so entsetzlich schlecht? Wo ist das Licht, von dem du immer gesprochen hast? Hier ist keines mehr!"

Vickys Stimme war heiser, dann versagte sie ganz …

„E r k l ä r   e s   m i r !", flüsterte sie später, „Und sag nicht, ich solle nach oben schauen. Ich erkenne nichts mehr."

„Komm, Victoria! Setz dich auf diese Bank und hör mir zu."
Sie setzten sich beide und Carlo begann:

„Wer bist du? Wer ist jeder einzelne Mensch? Du bist das überschäumende Leben selbst! Aber in deiner Kindheit war niemand da, der dich dafür bewundert, gefeiert und geliebt hätte. … Der sich gelabt hätte an deinem Lebenselixier!

Und so hast du begonnen, dich zu verstecken. …
Warum glaubst du immer, außerhalb der Wahrnehmung der Menschen leben zu müssen?

Du e r l a u b s t den anderen nicht, dich wahrzunehmen!
Und damit hast du den Kontakt zu deiner eigenen Person verloren!

Warum läufst du davor weg, dich dem zu stellen, der du wirklich bist?

Du bist eine seelische Hungerkünstlerin geworden, Victoria. Jemand, der bisher sogar diese entsetzliche Verlassenheit ertragen hat!

Warum hast du solche Angst vor den Menschen? Du hast Angst davor, berührt zu werden! Und was passiert, wenn du b e r ü h r t wirst?

Du erfährst, dass du l e b s t – dass es dich gibt!
Ein Neugeborenes, das nicht berührt wird, stirbt!

Du musst dir deine Sehnsucht nach Nähe erfüllen, Victoria! Aber du lässt es nicht zu – weil du Angst davor hast, jemand könnte Macht über dich bekommen.
Angst davor, das Glück der Nähe nicht verdient zu haben.
Angst davor, selber ein Mensch aus Fleisch und Blut zu werden.
Angst, ein schlechter Mensch zu sein.

Du hast keinen Grund, Angst davor zu haben, ein schlechter Mensch zu sein – es war nur schlecht, was deine Mutter getan hat, das ist alles! Und das ist etwas ganz anderes als ein schlechter Mensch zu sein!

Ein M a n n könnte dir dabei nicht helfen. Was dir hilft, ist zurückzukehren zu deiner Geburt – und zu deiner frühen Kindheit.
Was hast du dort erlebt? Hat dich deine Mutter abgelehnt?

Was hat sie mit dir gemacht? D o r t sitzt die Wunde – die nicht geheilte Wunde.

Du bist nicht unheilbar krank – du bist unheilbar verlassen worden!
Und ich weiß, dass es für einen Menschen fast unheilbar ist, wenn er von seiner Mutter nicht geliebt wird. Erfahre, wie sehr du deine Mutter brauchst und wie sehr du sie liebst – und dass du sie eines Tages auch loslassen kannst.

Begreife, dass das Verstehen an d i r liegt. Damit steht und fällt deine geistige, psychische und physische Welt!"

„Carlo, du meinst, ich befreie mich von ihr, indem ich mich mit ihr auseinandersetze?
Indem ich versuche zu verstehen und auch, wenn es geht, zu verzeihen?
Und damit *lebendig* werde? Dann erst habe ich sie überwunden? Im *TotSein* bin ich ihr immer noch 'treu'?
Erst in der *Lebendigkeit* bin ich erwachsen und frei? Das krampfhafte *PerfektSein* – auch in der Ehe – ist Ausdruck des TotSeins?"

Carlo nickte. Dann zog er sie hoch, legte liebevoll einen Arm um ihre Schulter und führte sie langsam nach Hause zurück.

„Wachstum ist oft mit Trennung verbunden!"

Schweigend gingen sie zurück.

* * *

Zwölftes Kapitel

Nach fünf Wochen konnte man Spuren einer Genesung bei Victoria bemerken. Ihr Geist war wacher, die Konzentrationsfähigkeit stabiler und Nahrungsaufnahme, Schmerzen, Schlaf sowie Depressionen und Panikattacken verbesserten sich.

Zum ersten Mal in ihrem Leben war sie eine lange Zeitspanne hindurch gelöst. Sie fühlte sich einfach sicher in Carlos Gegenwart.

Wolfgang war selten zu sehen. Er hatte sich vollkommen in sich zurückgezogen, als habe er seine eigene Kraft verloren. Die meiste Zeit verbrachte er außer Haus – Carlo war ihm unheimlich. Er kam ihm vor wie ein Wesen von einem anderen Planeten.

Außerdem schien er ihm stärker zu sein als er selbst – und das war die einzige Eigenschaft, die ihm bei einem anderen Mann imponierte.

Victoria gab auf den Spaziergängen mit Carlo keine Ruhe.

„Ich muss dir wirklich lästig fallen mit meinen vielen Fragen, Carlo. Du, der du mir von allen Menschen am nächsten bist, kennst doch alle Antworten!

Es gibt so vieles, das ich verstehen möchte – deshalb fahr bitte nicht zurück, ohne durch deine Antworten etwas mehr Licht in meine Angst und Verwirrung gebracht zu haben!

Warum sollte ich z.B. Angst davor haben, ein *Mensch aus Fleisch und Blut* zu sein?

Und warum bedeutet das automatisch, auch ein schlechter Mensch zu sein? Ich möchte das gerne verstehen!"

Dann musste sie lächeln. Wieder eine von den tausend Fragen, dachte sie. Der arme Carlo! Sie lächelte jetzt wieder öfter – und – es wurde *heller*, hatte sie bemerkt! In ihr wuchs zaghaft ein sanftes Licht, wie bei der ersten Morgenröte.

Zwar hatte es auch helle Momente in ihrer zehnjährigen Ehe gegeben – meistens bei ihren Ausflügen in die Natur – sie waren jedoch erloschen, sobald sie in ihr Haus zurückgekehrt waren. Dann hatte die Angst wieder übernommen.

„Ein Mensch aus Fleisch und Blut zu sein, bedeutet, auch den i r d i s c h e n Teil des eigenen Wesens anzuerkennen. Es bedeutet n i c h t automatisch, ein schlechter Mensch zu sein, Victoria! Das war deine bisherige eigene Deutung. Eine Deutung, mit der die Religionen Jahrtausende lang Macht ausgeübt haben. Den Erd-Teil in sich zu akzeptieren heißt, nicht wegzulaufen vor der Erkenntnis, dass wir auch schuldig werden können!

Die Menschheit braucht Menschen aus Fleisch und Blut, die beides kennengelernt haben: den Schatten und das Licht! Und die beides billigen können!
Du hast Angst vor etwas, das es so gar nicht gibt, denn du weißt gar nicht, was G u t und B ö s e ist! Warum hast du Angst, ein schlechter Mensch zu sein, wenn du nicht mehr unschuldig bist, Victoria? Unschuld bedeutet lebenslanges A n d e r s s e i n !"

Carlo schaute sie ernst an. *„Erst der Mensch, der Gut und Böse bei sich selbst respektieren kann, ist M e n s c h geworden! Vorher lebt er in einem Niemandsland – wie du! Kontaktlos, unberührbar, einsam.*

51

Es sind die Fehler, die den Menschen s t a r k machen! Niemals die 'Unschuld'! Sie macht glatt, stromlinienförmig, schwach. Man rutscht ab. Man bleibt alleine.

Wir sind alle ohne Ausnahme eingebunden in Erd-Gesetze. Eines davon ist das Gesetz der P o l a r i t ä t.
  Alles auf der Erde besteht aus Pol und Gegenpol – und bildet eine E i n h e i t.
Die A k z e p t a n z von allem, auch von dem, was man in sich selber ablehnt, ist das eigentliche Ziel.
  Du kennst Minus und Plus – Nacht und Tag – Angst und Liebe – Schuld und Unschuld – Leere und Fülle – Schatten und Licht – männlich und weiblich – Chaos und Ordnung ...

Das ist das Außergewöhnliche an der Erde, das sie allen anderen Planeten im Universum voraus hat. Und genau dieses Prinzip der Polarität bietet die größten C h a n c e n zur T r a n s f o r m a t i o n!
  Übrigens: Wenn alles seinen Gegenpol hat, dann muss auch das D i e s s e i t s seinen Gegenpol haben, nicht wahr? Denn n i c h t s existiert ja ohne sein Gegenteil!

Aber: Chaos, Leere, Minus, Schatten etc. sind keine Unordnung! Sie gehören zu einem göttlichen Prinzip h ö h e r e r Ordnung, das viele Menschen noch nicht verstehen.
  Das Leben braucht die S p a n n u n g, die durch den Wechsel zwischen den Polen erzeugt wird.

Du musst wissen, erst durch diese P e n d e l b e w e g u n g entstehen Weiterentwicklung und Lebendigkeit. Im Gegensatz zum Totsein eines Menschen, der z.B. im Perfektionismus erstarrt ist.

Braucht es nicht die Sonne u n d den Regen, den Tag u n d die Nacht, um alles wachsen zu lassen?

Man nennt diese Bewegung auch P u l s a t i o n oder das E i n - und A u s a t m e n G o t t e s!
  Und sie gehört zu den zentralen Erfahrungen hier auf der Erde. Wobei die T ä t e r die L i e f e r a n t e n von W a c h s - t u m s c h a n c e n sind!

Jedes Opfer und jeder Täter, liebe Victoria, sind nicht besser und auch nicht schlechter – sie alle spielen nur eine Rolle auf dem großen Bühnenstück des Lebens mit dem Titel 'WACHS-TUM ZUR LIEBE!'.

„Das habe ich verstanden, Carlo! …

Was geschieht denn, wenn jemand, wie z.B. ich, nicht von einem Pol weichen will?"

„Es ist wichtig zu verstehen, meine liebe Victoria, dass das Anhaften an e i n e m Pol das Leben schmerzhaft macht! Manchmal sehr schmerzhaft – wie bei dir!
  J e d e s menschliche Leben ist ein Wandern zwischen den Polen! Und gelungen ist das Leben dann, wenn man nicht mehr anhaftet. An nichts mehr anhaftet. Erst dann ist man a n g e k o m m e n!"

* * *

Dreizehntes Kapitel

Carlo sprach, wie immer, sanft und liebevoll mit ihr. Ab und zu hielt er inne, gab ihr den Raum, alles in sich aufzunehmen. Er wusste, wie wichtig es für sie war, endlich anzukommen: auf der Erde und in ihrem Leben! Sonst würde ihr Leben nicht mehr lange dauern und wenig Früchte tragen.

Die Früchte eines gelungenen Lebens jedoch kamen dem ganzen Universum zugute!

„Bist du müde, liebe Victoria? Möchtest du zurückkehren? Oder wollen wir uns setzen?"
    „Setzen ja, aber auf keinen Fall zurückkehren, Carlo – dazu ist mein Hunger nach Antworten viel zu groß! Ich möchte aus jeder Frage das Beste herausholen – einfach alles, was es dazu zu sagen gibt!"

„Schau, wenn wir geboren werden, sind wir unschuldig. Danach müssen wir pulsieren ins Gegenteil, die Schuld! Wir können nicht unschuldig bleiben – niemals!
    Am Ende steht dann der Weg zurück in Richtung Unschuld, um endgültig zu verweilen in der Mitte.

Hast du nicht von klein an versucht, unschuldig zu bleiben, um so vielleicht die Liebe deiner Eltern zu gewinnen. Ist es nicht so? Hast später geglaubt, mit Unsichtbarkeit das eigene Böse vor dir und allen anderen verstecken zu können. Dachtest, nur mit Unschuld kannst du geliebt werden! …

Hier auf der Erde gelingt das niemandem, meine Kleine! Erst wenn du den eigenen Schatten anerkennst, findest du auch das Licht in dir – und erst dann muss nicht dein Mann den abgelehnten Schattenpol vertreten!"

Victoria, die mit jedem Tag und mit jedem Spaziergang lebendiger wurde, blieb stehen.

Als ob sie im Stillstand den ungeheuerlichen Gedanken, der sie gerade überfiel, besser zu Ende denken konnte.

„Du willst sagen, Carlo, wenn ich mich in meinem *Inneren dem Schattenpol verweigere*, dann erscheint er in meiner unmittelbaren *äußeren* Umgebung? Das ist die Konsequenz?"

Sie starrte ihn an.

„Hatte ich deshalb Schatteneltern? Und deshalb auch war Wolfgang der richtige Partner?

Aber dann hätte Wolfgang ja kaum eine Chance gehabt, selbst Licht zu verbreiten – weil *ich* den Lichtpol für mich allein ’gepachtet’ hatte! … Glaubst du das wirklich, Carlo?"

Carlo lächelte sie liebevoll an.

„Langsam verstehst du! ... Schau zurück und schau dich an – hast du nicht wirklich in *jeder* Situation versucht, lieb und unschuldig zu sein?

Lebtest du nicht in einem Niemandsland?

Schon als Kind, als ich dich gefunden habe? ...

Und glaubst du wirklich, ein Mensch wird durch die Unschuld gesund? ...

Durch ’Heiligkeit’ kannst du deine tiefe Wunde nicht heilen! Sondern nur durch M e n s c h s e i n mit L i c h t und S c h a t - t e n . Erst dadurch bekommst du auch Kraft!

Du bist hinein geboren in tiefe Dunkelheit, und – sehr schwer zu verstehen – es war deine Wahl! Weißt du nicht, dass jede Seele selbst entscheidet, wie das nächste Leben verlaufen soll? Auf welchem selbst gewählten Weg sie am besten in der L i e b e   w a c h s e n kann?

Wie kann GOTT uns die Freiheit des Willens schenken, wenn ER uns gleichzeitig alles vorschreibt? Wäre das ein GOTT nach deinem Herzen? Könntest du IHN wirklich lieben?

Jede einzelne Begegnung, jedes Ereignis, jede Erfahrung, Familie, Partner, Kinder, alles ist voller Weisheit gewählt und voller Zuneigung mit allen besprochen – v o r der Inkarnation!"

„Bitte Carlo, gib mir Zeit, das alles zu erfassen! … Und lass uns jetzt weitergehen.

Ich muss mich bewegen. Nur so kann ich deinen Gedanken folgen."

Victoria stand auf und Carlo schloss sich an.   ...

„Du meinst also, ich habe mir meine Eltern und diesen speziellen Ehemann schon vor Ewigkeiten gewählt? *Warum* sollte ich mir freiwillig so etwas Schweres antun? …

Weil ich mir vorgenommen habe, das Geheimnis von Licht und Schatten zu ergründen?

Und auf diese Weise auch in der Tiefe verstehen und mich selbst weiterentwickeln wollte?

Sind solche Beziehungen so wichtig, um in der Liebe zu wachsen?

Was genau ist denn der Gewinn? Was bringt es einer Seele, wenn sie die Existenz der Dunkelheit verstanden hat? Mehr noch, das Prinzip der Polarität?"

„Wenn sie das Prinzip der Polarität verstanden hat, wird sie m u t i g e r leben und weniger hadern. Sie wird lernen, mit sich und ihren Schattenanteilen e i n v e r s t a n d e n zu sein und endlich beginnen können, s i c h s e l b s t z u l i e b e n! Und damit b e g i n n t das wirkliche L i e b e n. Denn nur, wer Mitgefühl mit sich selber hat, kann auch Mitgefühl mit einem anderen haben!

Sie wird vieles w e n i g e r a b l e h n e n, vieles besser v e r - s t e h e n und vor allem w e n i g e r u r t e i l e n. Sie wird sich bemühen, das L o s l a s s e n zu lernen.
Nicht mehr a n h a f t e n an Materie, an Menschen, an Tieren, an Vorstellungen, wie Dinge und Abläufe zu sein haben. Sie wird entspannter leben.

Sie wird offener, neugieriger werden und langsam den Sinn hinter allem erkennen können.
Der Radius ihrer Liebe vergrößert sich, denn sie e n t f e r n t sich langsam vom Pol der Angst, w e n d e t sich hin zum Gegenpol der Liebe.
Und nur wenn sie die beiden Pole Schatten und Licht annehmen kann, wird sie endlich frei!

Der Schatten ist der D ü n g e r der Liebe. Er fördert Verständnis, Toleranz, Fürsorge, Demut, Dankbarkeit.

Wir l e r n e n ja nicht durch Denken, durch das Regieren des Verstandes – nein, nur durch E r f a h r u n g – vor allem durch die S c h a t t e n e r f a h r u n g, ganz besonders durch die schmerzliche – wie du gerade jetzt! B e j a h e ihn endlich in dir, denn dadurch wird er in dir e r l ö s t. Höre auf, ihn zu bekämpfen – sonst begegnet er dir überall und jederzeit im Außen!"

Das Allerwichtigste, geliebte Victoria: *E r ist es, der dir die K r a f t schenkt – nicht das Licht!*

E s i s t d i e D u n k e l h e i t d e s W i n t e r s, d i e d e r E r d e n e u e K r a f t g i b t!

E s s i n d d i e s c h w a r z e n L ö c h e r, a u s d e n e n d i e S t e r n e g e b o r e n w e r d e n!"

„Ach Carlo! Wie käme ich nur heraus aus meinem eigenen schwarzen Loch ohne deine Weisheit?"

* * *

Vierzehntes Kapitel

„Bald geht meine Zeit mit dir zu Ende – und ich kann erkennen, dass es langsam heller wird in dir und um dich. Dass Kraft wächst in dir, eine neue Art von Kraft, mein Mädchen!

Ich möchte dir gerne noch zeigen, wie du deinen Blick weiten und die unendliche göttliche Weisheit, die hinter allem steckt, erkennen kannst."

Victoria liebte ihre täglichen Spaziergänge auf einsamen Wegen durch Wiesen und Felder.

Und sie liebte auch das Schweigen zwischen ihnen – die stille Zeit, die er ihr gewährte, um zu begreifen. Sie saßen wieder auf einer der vielen Bänke, die für müde Wanderer aufgestellt waren und genossen die besondere Energie eines herrlichen Frühlingstages und ihres ungewöhnlichen Zusammenseins.

„Jede Wolke – selbst der schwärzeste Wolkenberg – wird von hinten von der Sonne angestrahlt. Versuche, dich zu lösen aus der B e u r t e i l u n g   o h n e   D i s t a n z .

Eine Mauer kannst du umso besser erfassen, je w e i t e r du zurücktrittst. Das innere Zurücktreten vom Ereignis oder das mentale Hinaufgehen auf die Spitze eines Berges ermöglicht dir den weiten Überblick.

Je mehr du dich löst vom E g o u r t e i l , indem du dich um das Herstellen von Distanz und Weite bemühst, desto besser erkennst du die Sonne h i n t e r dem Wolkenberg und die ganze Größe der Mauer!

So auch profitierst du am meisten von allem, was geschieht – von den Ereignissen in deinem eigenen Leben und auch

von den großen, globalen! W e i t e und W e i s h e i t sind Schwestern – gehören zusammen!
Die ständige Suche nach Perfektion trübt jedoch deinen Blick, liebe Victoria. So kann das Licht dich nicht erreichen. Dir entgeht dann völlig, dass das Leben bereits v o l l k o m m e n ist – so wie es ist!

Denn zu einem e r f ü l l t e n, vollkommenen Leben gehört auch das, was du gerade erlebst:
Mühe, Verzweiflung, Schmerzen – ebenso der Tod. Erst s c h m e r z l i c h e Erfahrungen ermöglichen Transformation. Und j e d e T r a n s f o r m a t i o n kommt allen und allem zugute!"

"Wie geht das genau – das *Dahinterschauen*, Carlo?"

„Das gelingt dir nur, wenn du mit den Augen des Geistes schaust. Indem du versuchst zu v e r s t e h e n, was der S i n n dieser oder jener Dunkelheit ist!
Wo genau ist die göttliche W e i s h e i t in diesem Geschehen? Das Licht hinter dem Wolkenberg?

Glaubst du, Victoria, dass GOTT die Weisheit ist?"

„Ja!"

„Wenn GOTT also die Weisheit ist, dann muss sie auch in *deiner* Dunkelheit enthalten sein! ... Denk nach, Victoria."

„Carlo, du hast gesagt, ich werde erst *lebendig durch den Schatten.*
Dann wäre diese *schreckliche Krise*, die mir ohne deine Hilfe fast ein zweifaches Sterben beschert hätte – nämlich das

Sterben meines Körpers und das Absterben aller meiner Gefühle, wie es schon geschehen war – so etwas wie eine *Hebamme der Lebendigkeit? Des Wachstums?*

Dann wäre also alles genau richtig so, wie es geschehen ist und geschieht?

Du sprichst vom *Sinn*, von der *Weisheit* in der Niederlage. In der Katastrophe. In den Dramen. Das würde bedeuten, dass wirklich in *jedem* Schatten auch das Licht enthalten ist?"

„Noch einmal: Hinter *jeder* dunklen Wolke scheint die Sonne, Victoria!"

„Und was geschieht, wenn jemand *nicht* in der Dunkelheit, sondern im Licht aufgewachsen ist?"

„Dann hat er wenig Widerstandskraft bei der ersten wirklichen Dunkelheit – es kann sein, dass er vollkommen abstürzt. Seiner Seele fehlen sozusagen die Muskeln. Ohne 'S c h a t t e n t r a i n i n g' wachsen sie nicht. Und ohne dieses Training wächst ihm auch kein 'S p e z i f i s c h e s S e e l e n g e w i c h t'!

Ein Gewicht, das ihn h ä l t, ihn s t a r k macht, v e r t r a u e n s w ü r d i g, ihm T i e f e verleiht und ihn das V e r s t e h e n lehrt! Menschen vertrauen nur einem anderen Menschen mit spezifischem Seelengewicht – einem Menschen aus Fleisch und Blut.

Dem U n s c h u l d i g e n vertraut man nichts an, denn er kennt das Leben nicht. Und er kann nicht h a l t e n und s t ü t z e n."

Sie waren auf dem Weg zurück – beide, wie immer, versunken in ihre Gedanken. Victoria hatte, auch wie immer, vieles zu überdenken.
Aber sie fühlte sich gut. Es wurde ihr nicht mehr zu viel – nein, das Gegenteil war der Fall!
Sie wollte wissen, wissen, verstehen, sich, die Welt und das Universum erkennen. ...

Carlo, der entzückt war über sein erwachendes zweites Ich, schenkte ihr kurz vor der Ankunft noch einen tröstlichen Satz:

„Jetzt bist du noch manchmal überfordert, alles zu verstehen, geliebte Victoria. Vertrau mir!

Eines Tages wirst du erkennen, dass du genau dort bist, wo du hingehörst – dass du es vom ersten Moment deines Lebens an immer gewesen bist!

Und, dass du gerade ungeheure Schätze sammelst – Schätze, die man nicht kaufen kann!"

* * *

Fünfzehntes Kapitel

Sie machten den letzten ihrer besonderen Spaziergänge mit ihren besonderen Gesprächen.

„Wie willst du nun weiterleben, Victoria? Glaubst du, es kann genauso weitergehen wie bisher?"

„Nein, Carlo, das habe ich jetzt begriffen. Im Grunde weiß ich das schon lange – ich wollte nur nicht hinschauen!"

„Hast du schon einmal über das Ego nachgedacht? Über den Sinn des Egos?

Zum Schatten gehört auch das Ego! Jeder braucht sein Ego, z.B. zum Aufbau seines Platzes im Leben! Zu seiner Menschwerdung!

Hab keine Angst vor dem Ego – wir werden bereichert, wenn wir die Konsequenzen aus unserem Ego zu tragen bereit sind. D a s bringt uns mit uns selbst in Verbindung!
Nicht das scheinbare Vermeiden und Verachten des Egos!

Was ist mit dir? Hast *du* dir denn deinen Platz aufgebaut, Victoria?"

„Natürlich hab ich das!" Die Schnelligkeit, mit der Victoria diese Antwort aussprach, strafte den Inhalt Lügen.

„Bist du sicher Victoria? Denk nach!"

Nach langem Schweigen – Carlo ließ ihr den Raum für eigenes Erkennen und blieb stumm – schlug Victoria die Hände vors Gesicht.

„Oh mein Gott! Du hast es gewusst, Carlo!
Ich steh auf einem wackeligen Platz...all meine Plätze waren
wackelig! ... Immer hat sie mein Vater ausgesucht! Bei jedem
von uns!
Ganz besonders meinen jetzigen! Oh mein Gott!
Ich beginne zu verstehen! Alles! ...
Kein einziger selbst gewählter Platz! ...

Du meinst, ich hätte mein Ego benutzen müssen, um mir meine ureigenen Plätze zu erkämpfen? *Deshalb* musste ich krank
werden!? Ist es nicht so, dass man auf einem *zugewiesenen*
Platz krank werden muss? Weil die Seele aufschreit? Sich
wehrt?
Du willst sagen, das 'verbotene' Ego hat also seinen Sinn?"

Carlo freute sich, nickte.

„Erinnere dich, Victoria – *nichts* im Universum existiert *ohne*
Weisheit!
   Du könntest jetzt sofort eine Entscheidung treffen. Gib deinem Ego eine Chance, erkenne es an! Und *wenn der Weg der
richtige ist, gibt es dir Kraft!*

Aufpassen musst du nur, dass du nicht *Hund bist an der Leine
des Egos*! Wie bei allem gibt es auch auch hier zwei Seiten."

„Noch etwas – *weil du nie eine Mutter hattest, hast du aufge-
hört von anderen zu erwarten, dass sie dir etwas zurückgeben. Und wenn sie dir etwas zurückgeben, kannst du es nicht
annehmen!*
Hör auf damit!

Eines Tages kannst du nichts mehr g e b e n , wenn du nicht n i m m s t , was andere dir geben.
Das kannst du nicht lernen! Du kannst nur weinen um deine Mutter – und, ja, auch um d i c h ! Dann wird es gut!
Wenn wir die Mutter vermissen, geben wir unser letztes Hemd – aber wir haben nicht zu empfangen gelernt!

Also, meine Kleine, lass diese besonderen *'Gut-Sein-Antennen'* drin! Du fährst sie nämlich aus bei jedem Kontakt – und ich meine bei *jedem*!
'Wie geht es dem anderen?' 'Braucht er Hilfe?' 'Hat er Wünsche?'

Ein Ego *in seiner Mitte* fragt: 'Wie geht es *mir* in diesem Kontakt?' 'Habe *ich* Wünsche?'

Verstehst du? ... *Das Helfen und Unterstützen gelingt dir wunderbar, wenn du selbst im Überfluss bist – wenn du s a t t bist, körperlich und seelisch – wenn du handelst auf dem Boden des Ganz-bei-dir-Seins, der F ü l l e . Dann erst kannst du ein prachtvoller Helfer sein!*
Ein Helfer mit S e e l e n g e w i c h t ."
Fügte er lächelnd hinzu.

Und dann leise:

„Ich wünsche mir für dich, dass du dich *lieben* lernst – *so* wie du bist! Und dass du erkennst, wie *wunderbar* du bist – das weißt du noch nicht!"

* * *

65

Sechzehntes Kapitel

Wolfgang, der spürte, dass sein guter 'Einkauf', sein 'Besitz', sich aus dieser Rolle zu befreien drohte, ihn eventuell sogar verlassen könnte, wälzte seine eigene Bedrohung nach Carlos Abreise auf Victoria ab, indem er wieder gewalttätig wurde.

„Das überlebst du nicht!", schlug er zu.

Die vielen Gespräche mit Carlo waren jedoch für Victoria zu inneren Stützpfeilern geworden. Sie begann mit zunehmender körperlicher Genesung endlich wieder etwas zu spüren, neu und anders zu denken, hatte mehr Antrieb. Und wenn die 'böse Hand' sich hob, erinnerte sie sich jedes Mal an seine Abschiedsworte: „Vergiss nie – du bist 'Victoria! Die *Siegerin!*"

Seitdem Carlo nach Neuseeland zurückgekehrt war, geschah überhaupt so viel Seltsames in ihr! So hatte sich ein längst vergessener Gedanke wieder an die Oberfläche gedrängt.
    Ob ihr Seelenzwilling auch etwas mit dieser Entdeckung zu tun hatte?

Carlo als *Schatzheber*, als Hebamme von 'Victoria' der Siegerin? Und auch von der tief versteckten, alten Idee: *Könnte sie nicht eine Freundschaft mit Gott haben*? Eine wirkliche Freundschaft? Eine, die alltagstauglich und benutzbar war? Eine, in der sie alles, wie mit dem besten Freund, besprechen konnte? Ein Freund, der *nicht* von Schuld und Sühne sprach?

Einer, der immer zuhörte, für alles Verständnis hatte und eine unendliche Geduld?
    Der einem ebenso die tieferen Zusammenhänge eines einzelnen Menschenlebens sowie des Universums zeigen konnte?

Irgendwann entschied sich Victoria, auf diesen Gedanken zu vertrauen!

Denn sie wollte wissen, *wissen, verstehen* – das *eigene Leben und das aller anderen Menschen* – Wolfgangs und das der Eltern inklusive.

Die *Schuld* und die *Unschuld* – die *Freude* und das *Leid* – das *Wachstum* und den *Stillstand*. Sie entdeckte, dass sie wie ein Schwamm war. Sie wollte alles aufsaugen, verarbeiten und auch weitergeben.

Mit dieser Entdeckung wurde es heller in ihr, trotz der neuen Gewaltattacken. Victoria wehrte sich nicht körperlich – nur mit ihren Augen.

Sie blieb einfach stehen und schaute ihren Mann mit festem, tiefem Blick an. Dann senkte er die Augen und verließ den Raum.

Victoria! *Da* war sie endlich und *das* war sie!

Und sie erkannte noch etwas: *Wenn Gott ihr Freund war*, wirklich ihr Freund war, dann würde auch der Zeitpunkt kommen, an dem sie diese Freundschaft auf die Probe stellen musste. Ohne diesen ersten Test würde sie nicht weiterleben können! Das kostbare neue Fühlen und Sich-Spüren würde wieder versickern. *Victoria* würde wieder verschwinden – und die *Krankheit* wäre auf Dauer die echte *Siegerin*!

Nach dem Test würde sie wissen, ob und wann es richtig war, von Wolfgang wegzugehen – hin zu ihrem ersten *selbstge-wählten* Platz! Dann auch würde er seine Drohungen nicht wahrmachen: „*Du* verlässt mich nicht! Niemand verlässt *mich*, Wolfgang! Lebend setzt *du* keinen Fuß vor diese Tür!" Das hatte er wiederholt gebrüllt. Und er hatte einen Jagd-schein und eine Waffe – das wusste sie.

Victoria begriff wie bei einer plötzlichen Erleuchtung, dass *Vertrauen eine Entscheidung war*, dass man eine *Wahl* hatte. Und die 'Victoria' in ihr entschied sich in derselben Minute für das Vertrauen – *für* ihren neuen, ganz besonderen Freund und *gegen* die alte Angst. Sie würde *alles* auf diese Freundschaft setzen – wie bei einem Pokerspiel. Wenn der Gedanke an eine *Freundschaft mit Gott* nicht vollkommen absurd war, würde ihr kein Haar gekrümmt werden!

So entschied sie und auf diese Karte setzte sie ihr Leben.

Drei Wochen später öffnete Victoria wie täglich den Briefkasten und bekam weiche Knie und feuchte Augen gleichzeitig. Sie setzte sich auf den nächsten Stuhl und starrte auf die Karte in ihrer Hand. Sie zeigte einen herrlichen Zweig mit dunkelrosa Orchideen und einen einzigen Satz:

„Wenn GOTT mit dir ist – wer auf der Welt kann dann gegen dich sein?!"
Paulus

Es spielte keine Rolle, dass die Karte Werbung für eine religiöse Glaubensgemeinschaft war.

Es war einzig die *Botschaft*, die zählte! Da sie auf dieser Erde lebte, musste Gott sich auch irdischer Mittel bedienen, das war ihr klar.

Werbung hin oder her – dieser Satz war das Zeichen 'Du kannst!'

Sie erinnerte sich an Carlos letzte Kostbarkeiten vor seinem Abschied: „Wenn du diesem Freund *vertrauen* kannst, felsenfest vertraust, dann bist du zu *allem* fähig!

Das ist der Schlüssel! ... Damit bist endlich *du* der Bestimmende in deinem eigenen Leben. Dann hat niemand mehr Macht über dich und dein ewiger Begleiter *Angst* wird dich langsam verlassen. Das scheinbar Paradoxe?

Du wirst endlich auch den Mut haben, dich von der vermeintlichen 'Unschuld' abzuwenden – wirst auch, wie alle anderen auf diesem Weg, vom 'Opfer' zum 'Täter' werden und endlich ein 'Mensch von Fleisch und Blut' sein!"

Victoria starrte immer noch auf die Karte:
'*Das* ist der Moment, auf den ich gewartet habe', durchfuhr es sie, '*Jetzt* ist die Zeit!'
Ein ihr fremder Schub von Kraft durchdrang sie. Endlich! Sie würde das Vertrauen üben – auch etwas, das ihr bisher fremd gewesen war. Wenn sie weiterleben wollte, *musste* sie Wolfgang verlassen! ... Dies hier war die erste *eigene* Entscheidung ihres Lebens! Sie erkannte ganz klar, sie musste *mitschwimmen* in diesem Kraftstrom. Warten würde ihn verpuffen lassen und sie würde kraftlos zurückbleiben!

Am Abend, nach dem Essen, sagte sie so gut sie es vermochte – klar und einfach – nur zwei Sätze: „*Ich muss gehen! Es geht nicht mehr*!"

Natürlich war da noch Angst, große Angst sogar – vorher – aber nicht so bedrohlich wie früher. Nach dem ersten Satz jedoch wurde sie vollkommen ruhig – als gäbe es die alte Vicky – die schöne Marionette – nicht mehr.

Und Wolfgang? War auch ein anderer in diesem ganz besonderen Moment. „Ich weiß!", sagte auch er vollkommen ruhig. Kein Jähzorn, der ihn zur Waffe jagte, kein Aufspringen und Zuschlagen, kein Schütteln!

„Ich weiß das schon seit einer Weile."

Das war's. Victoria stand auf – Wolfgang blieb noch lange wie gelähmt am Tisch sitzen.
  Ein Satz fiel ihr ein, vor langer Zeit gehört, nicht von Carlo, vielleicht auch gelesen:

„Dein Feind hat verloren, wenn er dir nichts mehr nehmen kann!"

Wie wahr, dachte sie!

* * *

Siebzehntes Kapitel

Zum ersten Mal wurde Victorias Leben auch materiell schwierig. Sie war weit weggezogen von Bayern, hatte sich im Norden eine neue Bleibe gesucht. Sie, die ohne erlernten Beruf war, biss sich mit gering bezahlten Jobs durch. Wolfgang machte es ihr schwer, ließ sie bei jeder berechtigten Forderung vor Gericht gehen – und dennoch, es gelang ihm nicht, sie zu zermürben.

Und auch zum ersten Mal in ihrem Leben hatte sie ein großes Ziel. Sie würde sich einen festen Platz erobern! Sie selbst – und kein Mann würde sie mehr mitziehen auf *seinen* Platz!

Irgendwann wurde ihr Vater von der kalten und gleichgültigen Mutter bearbeitet, der jüngsten Tochter das Erbe vorzeitig auszuzahlen. Was für ihn den Vorteil hatte, dass die 'Abtrünnige', die es gewagt hatte, "solch einen phantastischen Mann" zu verlassen, nur den Pflichtteil erhielt. So war man sie gut los.

Victorias neuer 'vorübergehender' Platz, das wusste sie, verlieh ihr nie gekannte Kräfte.
   Sie konnte auch bescheiden leben, das spürte sie. Es gab so viel zu entdecken, zu lernen, zu verstehen; alles würde dauern, sie brauchte Geduld – und die war von Kind an trainiert.

Mit der Zeit erfuhr sie auch die Bedeutung von Freundschaft – boxte sich durch und langsam begann die bereits 29 Jahre während Dunkelheit heller zu werden.

„Warum machst du keine Therapie? Du hast zu viel Schlimmes erlebt, um alles alleine verarbeiten zu können! Das würde dir einen neuen Boden geben, auf dem du endlich stehen kannst! Man spürt sofort, dass dein Leben schwer gewesen sein muss – so verschlossen und scheu wie du bist im Umgang mit uns", bedrängte sie Andrea, Nachbarin und eine der beiden neuen Freundinnen. Und sie musste es wissen, denn ihr Mann war selbst Therapeut.

Victoria verspürte große Angst, ja sogar Panik. Aber auch eine überraschende Sehnsucht, endlich Zugang zur inneren Tür zu finden, zum ersten Mal in ihrem Leben erzählen zu können, was sie noch niemals erzählt hatte – jemandem etwas anzuvertrauen, der sie *sah*, den wirklich interessierte, wie es *ihr* ging.

Der ihr helfen konnte herauszufinden, *wer* sie war – der ihr vielleicht sogar auch endlich eine Antwort auf die Schlüsselfrage ihres Lebens gab: *Warum?*

Und, *was* hatte sie falsch gemacht? *Weshalb* konnten ihre Eltern sie nicht lieben?

Carlos Erklärung, es sei die eigene Wahl jeder Seele, half ihr an diesem Punkt ihres Lebens nicht weiter. Diese Erklärung war eine Nummer zu groß für sie. Später vielleicht konnte sie diesen Zusammenhang besser verstehen.

Jetzt wollte sie sprechen, wünschte sich einen Menschen, der ihr zum ersten Mal in ihrem Leben wirklich zuhörte und sie *annahm*. Der sie nicht verurteilte und der vor allem in ihrer Nähe war, sollte sie in Not sein. Das alles wäre ein nie dagewesener Luxus! Auch wenn derjenige bezahlt wurde für sein Interesse an ihren Erzählungen, dachte sie etwas bitter.

Also wagte sie den zweiten selbständigen Schritt in ihrem Leben und meldete sich an für eine Therapie bei dem von

Andrea empfohlenen Psychiater, Dr. Christian Schubert, einem 50-jährigen, sehr bekannten Therapeuten, der eine berühmte Fachklinik für Psychosomatische Medizin gegründet hatte.

* * *

Achtzehntes Kapitel

Und so stand Victoria eines Tages auf der Straße vor dem Praxisgebäude und schaute hoch.

Schon das Praxisschild flößte ihr eine solche Panik ein, dass sie nach fünf Minuten umdrehte – der Mut reichte einfach nicht. Drei Versuche machte sie – immer das gleiche.

Sie schaffte es nicht, auf die Klingel zu drücken. Erst beim vierten Versuch und unter Zuhilfenahme einer Beruhigungstablette gelangte sie in die Praxisräume. In der ersten Sitzung bekam sie Schüttelfrost und blieb stumm. Den Mund zu öffnen, war schier unmöglich. So erhob sie sich einfach wie fremdgesteuert und floh nach 15 Minuten. Ohne ein einziges Wort gesagt zu haben. Ihr Therapeut konnte ihr gerade noch den nächsten Termin verkünden, da befand sie sich schon wieder erschüttert und verzweifelt auf der Straße.

Erst zurück in ihrer Wohnung kam sie wieder zur Besinnung. Was, um Himmels Willen, hatte sie sich nur dabei gedacht, zu einem *Mann* zu gehen?

Und? Victoria, denk nach! Würdest du lieber zu einer Frau gehen? Könntest du bei *ihr* den Mund öffnen? Wirklich? Hätte eine Therapeutin tatsächlich eine größere Chance?

Könntest du *ihr* vertrauen? Wäre da nicht immer die kalte, ablehnende Mutter im Weg?

Nach einer Weile entschied sie sich dafür, doch einen männlichen Therapeuten zu versuchen, zwang sich mit aller Gewalt, zurückzukehren zu Dr. Christian Schubert und gab sich damit endlich selbst eine Chance!

‚Es ist, als ob das Erzählen mich auf einmal lebendig werden lässt', dachte Victoria nach den ersten Gesprächen. ‚Erzählen gibt mir auf einmal ein Schicksal. Plötzlich *habe* ich ein Schicksal – wie alle anderen auch!

Vorher war da eine graue, leere, nebulöse Spur – ein Nichts – es gab niemanden in dieser Spur. Das Erzählen erschafft Bilder und Farben und Leben in der Spur.
     Auf einmal ist es wie bei allen anderen auch!
     Auf einmal gehöre ich dazu – auf einmal bin ich *Mensch*.
     Als ob man ohne Schicksal keinen Platz hat und tot ist!'

In einer ihrer vielen Sitzungen fragte ihr kompetenter, warmherziger Therapeut plötzlich:

"Wo ist eigentlich ihr Zorn, Victoria?"

Victoria saß wie vor den Kopf geschlagen auf ihrem Stuhl und starrte ihn an. Vor ihrem geistigen Auge erschienen die Buchstaben ZORN. Ja, so wurde das Wort geschrieben. Aber was *bedeutete* ZORN? *Was* war das und *wie* war das? Zwar waren die Angst, *ein schlechter* Mensch zu sein und die Abneigung dagegen besser geworden seit Carlos Worten:

„*Der Schatten ist es, der dich reifen lässt!*"

jedoch hatte wohl die Furcht vor den Konsequenzen, vor dem so vertrauten anschließenden Ausgestoßensein immer noch zu viel Macht. Und so fehlte ihr weiterhin der Zugang zu diesem abgespaltenen Gefühl. Wie konnte man denn Zorn oder Wut erlernen?
     ‚Ich bin emotionale Analphabetin und müsste dringend in die erste Klasse der emotionalen Lebensschule', dachte sie.

'Das Prinzip habe ich ja begriffen! Aber wie diese Furcht loswerden? Die Angst ist doch die *Bremse* vor dem Schatten. Gerade jetzt, wo ich beginne, meine eigene aktive Ausgrenzung zu beenden!'

'Indem du *übst*, die Unschuld zu verlieren. Sei 'böse' und sage 'Nein', wenn es für dich angebracht ist. Du wirst sehen, mit dem Üben, mit dem ersten 'Nein', wird die Angst kleiner, der Mut größer und der Respekt der anderen vor dir beginnt zu wachsen! *So* gehörst du endlich wirklich dazu! Vergiss nicht: *Mit der Schuld gehörst du dazu!*
Mit der Unschuld bist du einsam!'

Es war, als stünde ihr Seelenzwilling neben ihr, als hörte sie seine Stimme. Sie lächelte.

Ja, Victoria lächelte – immer häufiger, je öfter sie das Monster Angst streichelte. Ob die zunehmende Stabilität ihrer Gesundheit und die stetig wachsende Abenteuer- und Unternehmungslust auch damit zusammenhingen?

* * *

Neunzehntes Kapitel

Elf Monate nach dem Umzug rief Eva mittags an. Eva, die zweite enge, neugewonnene Freundin.

„Ich muss dich unbedingt sprechen, Victoria", ihre Stimme klang aufgeregt.

„Hast du heute Abend schon etwas vor?"

„Du weißt doch, Eva, ich muss werktags früh raus und kann es mir nicht leisten, morgens unkonzentriert und verschlafen im Job zu erscheinen."

„Du musst aber!", beharrte Eva. „Ich brauche deine Hilfe! Bitte Victoria, spring *einmal* über deinen Schatten!"

Du liebe Güte, dachte Victoria, *einmal*? Ich habe doch mein ganzes Leben nichts anderes getan als mich zu vergewaltigen!
Meint sie vielleicht den *echten* Schatten, fiel ihr dann ein.

„Worum geht es denn? Wobei brauchst du meine Hilfe?"

„Du musst mir versprechen, niemandem zu erzählen, was ich dir jetzt anvertraue, bitte! Ich habe schon lange einen heimlichen Geliebten. Er ist Manager in einem großen Konzern und fliegt um die halbe Welt. Wir sehen uns daher selten. Heute Abend ist er aber hier in Münster und wir wollen uns natürlich sehen, das verstehst du doch?"

'Aha', dachte Victoria bei sich, 'also wirklich der echte Schatten!' „Ja, das verstehe ich. Und wozu brauchst du jetzt meine Hilfe?"

„Peter, so heißt er, muss eigentlich einen reichen Geschäfts-partner aus Marseille betreuen. Du sprichst doch gut franzö-sisch – und da dachten wir, du könntest dich um ihn kümmern und ihn eine Weile ablenken, damit wir ein wenig Zeit für uns haben. Später erzähle ich dir Genaueres über Peter, wenn du willst."

Victoria schwieg lange – ihre lebenslustige Freundin hatte zwei süße Töchter und einen, zugegeben etwas steifen, viel älteren Ehemann – sie wusste einfach nicht, wie umgehen mit dieser eindeutigen Schattensituation.

„B i t t e ! Tu mir den Gefallen! B i t t e !"
Eva flehte.

Victoria hatte gar keine Lust, sich die halbe Nacht mit der Be-treuung eines wildfremden Franzosen um die Ohren zu schla-gen und dann auch noch am nächsten Tag bitter dafür büßen zu müssen. Nur nicht!
Das klare NEIN war jedoch noch nicht fest eingeübt – und so wurde es – wie das ganze frühere Leben lang, am Ende ein widerwilliges JA.

An diesem Abend trat Jean in ihr Leben – ein Mann mit ähn-lichen Qualitäten wie Carlo.
Jean war wirklich das absolute Gegenteil von oberflächlich! Was er sagte, hatte Hand und Fuß, war durchdacht. Und er strahlte Reife aus und Sicherheit. Allerdings eine andere Form von Sicherheit als die materielle von Wolfgang. Er war ein Mann zum Sich-Fallenlassen.

Wenn er Victoria Fragen stellte (und er hatte zu Beginn viele Fragen), staunte sie über die Gedanken, die er sich machte

– generell – und speziell zu ihr! Er war international erfolgreich, hatte mehrere Wohnungen in mehreren Ländern, ein
eigenes Flugzeug und war seit ein paar Jahren Single. „Die
Frau, die ich mir wünsche, habe ich noch nicht gefunden!",
hatte er gesagt. Jean war unglaublich!

Victoria und er saßen in der Bar seines Hotels in Münster, und
unterhielten sich angeregt.

Es dauerte sehr lange bis das verliebte Paar Eva und Peter
auftauchte – und wurde für die berufstätige Victoria viel zu
spät.

„Gibst du mir bitte deine Telefonnummer?", fragte Jean beim
Abschied.

„Oh nein!" (Dieses Nein floss ausnahmsweise leicht über ihre
Lippen.)
„Ich möchte nicht die Nummer 875 in deiner internationalen
women's list sein!"

Und das war's. – Jean hatte am nächsten Tag einen Termin in
Marseille und musste früh zurückfliegen.
Mit nur vier Stunden Schlaf startete Victoria in den darauf-
folgenden Tag und freute sich bereits beim Aufstehen auf den
Abend, an dem sie ganz früh schlafen gehen wollte.

Kaum war sie nachmittags zurück vom Job, da klingelte jemand Sturm. Genervt raste sie zur Tür, um sich den unhöfli-
chen Flegel, der da keine Sekunde Zeit zu haben schien, genauer anzuschauen. ... Und erstarrte. Vor ihr stand Jean!
Nachdem sie sich von Schreck und Staunen erholt hatte, gehorchte ihre Stimme wieder.

„Um Gottes willen, Jean! Was machst du denn hier?"

Jean lachte sie an. „Ich fliege erst morgen zurück. Ich musste dich unbedingt wiedersehen, Victoria, und habe meinen Flug verschoben. Eva war so nett, mir deine Adresse zu geben."

Dann wurde er ernst: „Ich muss unter allen Umständen noch einmal mit dir sprechen – heute!
   Und damit du keine Mühe hast, lasse ich dich um neunzehn Uhr von einer Taxe abholen!"

„Nein, Jean!"

Dieses NEIN gelang und machte sie froh. Allerdings war sie vor lauter Schreck und Überraschung gar nicht auf die Idee gekommen, ihn hereinzubitten und so fand das Gespräch in der offenen Haustür statt.

„Ich habe viel zu wenig geschlafen und kann mir im Job keine Fehler leisten. Ich *muss* heute früh ins Bett! Nein! Geht nicht", sagte sie wenig charmant und sehr direkt.

Jean sah sie ununterbrochen an, es war ihm bitterernst, das begriff sie langsam.

„Du musst eines wissen: Hier akzeptiere ich kein Nein als Antwort. Wir müssen reden – heute! Zwei Stunden! Ohne unser Gespräch kann ich nicht zurückfliegen!"

Natürlich! Wieder ein Mann, der ihren Willen nicht respektierte!
   Victoria schaute ihm lange in die Augen – bis sie nach einer Weile nickte. Warum, wusste sie allerdings selber nicht.

Wahrscheinlich, weil das Nachgeben vertrautes Verhalten war. Und – weil sie ihn mochte.

Das einzugestehen, fiel ihr allerdings sehr schwer. Jean drehte sich lächelnd um und ging.
   Victoria schloss die Tür.

Zum tausendsten Mal in ihrem dreißigjährigen Leben dachte sie: 'Ich muss total verrückt geworden sein!'

* * *

Zwanzigstes Kapitel

Die Taxe war pünktlich und Jean erwartete sie schon ungeduldig in der gleichen Bar.

„Was möchtest du trinken?", fragte er als erstes nach der kurzen Begrüßung, allerdings mit strahlenden Augen. Er bestellte das Gewünschte und begann, sobald alles geliefert war – sodass er sicher sein konnte, nicht mehr gestört zu werden. ... ‚Irgendetwas brennt ihm unter den Nägeln', dachte Victoria. Sie konnte sich allerdings nichts vorstellen, das mit ihr zu tun hatte und so wichtig war.

„Jetzt liebe Victoria – jetzt möchte ich alles von dir wissen – und ich meine wirklich *alles*!"

Victoria sah ihn fassungs- und regungslos an.
Noch niemals hatte sich jemand so sehr für sie und ihr Leben interessiert. Jean, der erfasste, dass sie einen Augenblick lang überfordert war, entschied sich fürs Fragen.

Er wollte tatsächlich in einer einzigen Nacht ihr ganzes Leben und ihr ganzes Wesen erfassen!
Als sie irgendwann berichtete, dass sie in Scheidung lebte, war er seltsamerweise noch nicht zufrieden.

„Bist du sicher, dass du die Scheidung tatsächlich willst? Dass du es dir nicht doch noch anders überlegst? Kannst du schwören, dass die Scheidung wirklich dein voller Ernst ist?
Kannst du das beschwören, Victoria?"

Victoria nickte todernst. „Ja das kann ich, aber Jean, ich verstehe dich nicht! Was ist los mit dir?"

„Ich möchte mit *dir* zusammen sein! Das ist los! Mit *dir* und keiner anderen Frau!
Und ich möchte unter gar keinen Umständen eine Ehe zerstören!"

Jetzt lachte Victoria ihn aus. Herzhaft und laut.

„Das ist wirklich absurd, Jean! Und leichtsinnig! Du kennst mich doch gar nicht! Und außerdem lebst du in Marseille und ich hier! Du bist nie lange an einem Ort – ich ständig.
Und von Fernbeziehungen halte ich überhaupt nichts! Zudem bin ich noch gar nicht bereit für eine neue Beziehung!", setzte sie leise hinzu.

Jean, dieser verrückte Mann, ließ auch hier keinen Einwand gelten.

„Lass es uns wenigstens versuchen, Victoria! Wir werden täglich telefonieren, von wo auch immer ich mich gerade befinde. Und einmal im Monat verbringe ich ein verlängertes Wochenende bei dir. Und zwar in *jedem* Monat! Bis du bereit bist, übernachte ich im Hotel.
  Ich bitte dich jetzt schon, mich bei vielen wunderbaren Reisen zu begleiten. Gib deinen Job auf und flieg mit mir – ich zeige dir die schönsten Plätze auf der Erde!
  Wenn es dir schlecht geht oder du Kummer hast, ruf mich bitte an. Ich werde vor allen Konferenzen und Besprechungen Bescheid geben, dass du durchgestellt wirst. Egal an welchem Ort dieser Welt. Und natürlich bezahle ich die Kosten.

Wenn etwas Schlimmes passiert, lasse ich alles stehen und liegen und komme sofort!

Lass es uns versuchen, Victoria! Bitte! Lass mich dir zeigen, dass es möglich ist – und dass ich es ernst meine – sehr ernst!"

Ernstnehmen konnte Victoria das alles noch gar nicht. Im Gegenteil – sie fühlte sich plötzlich als Hauptdarstellerin in einem vollkommen fremden Film. Allerdings als eine, die den gesamten Text vergessen hatte. Eine, die nichts verstand von dem, was der andere Hauptdarsteller drehbuchgemäß von sich gab.

Dieses Mal bemerkte Jean nicht, wie es ihr ging.
Dass er ihr zu viel zumutete. Da ihr keine Antwort einfiel, schwieg sie lange. Schließlich stand sie auf.

„Ich bin sehr erschöpft, Jean. Nichts habe ich verstanden! Offensichtlich plagen mich gerade massive Denkstörungen und ich stehe irgendwie neben mir. Ich glaube, das alles überfordert mich total!"

Sie nahmen Abschied voneinander, ohne dass Victoria zu irgendeinem seiner Wünsche und Vorschläge Stellung bezogen hätte. Jean musste im Hotel bleiben – sie wollte weder seine weitere Gesellschaft, noch weitere Sätze, so schön sie auch sein mochten. Jetzt brauchte sie unbedingt Stille, Alleinsein und Schlaf. ...
    Vor dem Einschlafen murmelte sie noch:
    „Große Worte und nichts dahinter??"

* * *

Einundzwanzigstes Kapitel

Jean hielt tatsächlich Wort, telefonierte regelmäßig und kündigte dann seinen nächsten Besuch an. Nach vier Wochen, wie versprochen!

Er übernachtete in 'ihrem' Hotel und erwartete Victoria dort. Die vielen Telefongespräche hatten langsam etwas Vertrauen und Zutrauen in ihr wachsen lassen. Er *war* vertrauenswürdig und zuverlässig, das Gefühl hatte sie inzwischen. Und so war ihr Wiedersehen auch schön und herzlich – sein Glück, ihr endlich wieder zu begegnen, nicht zu übersehen.

Und dennoch spürte Victoria, trotz ihrer eigenen Freude, dass ein Teil in ihr voller Ängste blieb und ebenso voller Misstrauen.

Egal ob Mann oder Frau – ganz vertrauen konnte sie keinem Menschen. Warum nur?

Dieses ewige Misstrauen, diese ewige Angst! Ob Jean sie wohl davon erlösen konnte? Fand *er* den Schlüssel?

Victoria hatte ohne Hilfe ein neues Leben begonnen und sich praktisch ohne Ausbildung einen Job erkämpft – zum ersten Mal in ihrem Leben Freundinnen gefunden – und tatsächlich das Nein-Sagen einigermaßen gelernt. Und trotzdem – ich gehe ständig mit angezogener Handbremse durch das Leben, dachte sie. ... Immerhin war auch sie mittlerweile neugierig geworden und begann nun ihrerseits Fragen zu stellen. Und Jean beantwortete sie alle.

Irgendwann kam ein Page mit einer Tafel in die Bar, auf der 'Mr. und Mrs. Johnson aus Ohio' gesucht wurden.

„Sind Sie Mr. und Mrs. Johnson aus Ohio?", fragte er beide.

„Nein! Wir sind Monsieur und Madame Duval aus Marseille.", war Jeans Antwort.

„Jean! Wie kannst du nur?! Das macht mich ganz böse! So ein Unsinn! Wir kennen uns gerade vier Wochen! Sicher, bis jetzt hast du dein Wort gehalten, ja. Und du lässt mich täglich spüren, wie sehr du mich magst. Aber das heißt doch nicht, dass du mich als deine Frau ausgeben kannst! Tu das bitte nie wieder!"

„Bitte bleib ruhig, mein Liebling, und hör mir zu.

Ich komme aus einer glücklichen, warmherzigen Familie mit fünf Kindern und einem liebevollen Umgang miteinander. Ich bin das jüngste Kind und liebte besonders meine Mutter über alles.

Als ich sechs Jahre alt war, wurde meine Mutter schwer krank – sie blieb lange im Krankenhaus – und ich wäre fast verhungert in dieser Zeit. Ich sprach kaum noch, aß kaum noch, saß nur still in einer Ecke, schaukelte vor mich hin und kam um vor Heimweh nach ihr. Diese Zeit war sehr schwer auszuhalten!

Als ich dich verlassen hatte am Abend des Kennenlernens, ist es mir genauso ergangen! ...
Vom Schaukeln abgesehen", ergänzte er lächelnd.
Sicher, du hattest Recht, ich kenne viele Frauen auf der Welt. Aber niemals wieder habe ich ein solches Gefühl gehabt! ... Bis ich dir begegnet bin, dir Victoria! Ich habe gelitten! Genau wie damals! Und da habe ich begriffen: *Du* bist die Frau, nach der ich all die Jahre unbewusst gesucht habe. Mit *dir* möchte ich mein Leben verbringen! Vertrau mir bitte!"

Victoria saß eine Weile stumm neben ihm, wie unter Schock! Fand keine Antwort. Dies hier war eine Sprache, die sie nicht kannte. Die Sprache einer wirklichen Liebe war ihr fremd. Sie war nicht fähig nachzuempfinden, dass ein Mensch so fühlen konnte. ... 'Emotionale Analphabetin' eben.

Sie wollte Jean wenigstens glauben, was er offenbart hatte. Aber die Wucht seines Geständnisses und seiner Gefühle machte es ihr schwer zu *verstehen*. Ihr, die nur Vorsicht, Zurückhaltung und Misstrauen kannte, fehlte es ganz einfach an Vorstellungskraft, besser noch, an eigener Erfahrung mit solchen Gefühlen. Eines jedoch war ihr klar, Jean war ehrlich und meinte jedes Wort.

„Lass mich dich bitte in vier Wochen bei dir zu Hause besuchen, meine wunderbare Victoria. Ich möchte gerne sehen, wie du lebst – dich mit Freunden und Familie noch besser kennenlernen! Und – glaube mir – ich habe genug Liebe für uns beide!"

„Ich habe keine Familie, Jean. Nicht wie du! Ich habe keinen Kontakt zu Eltern und Geschwistern. Und das weißt du auch. Außer meiner zweiten Freundin neben Eva kennst du bereits alle Menschen, die mir wichtig sind.
   Ich glaube dir ja, alles was du sagst. Aber – ich brauche Zeit! Wahrscheinlich sehr viel Zeit! Kannst du mir die auch schenken?"

„Und wenn ich tausend Jahre warten müsste – wenn ich weiß, es besteht überhaupt eine Chance, dann kann ich sehr geduldig sein!"

Vor dem Einschlafen dachte Victoria über alles Erlebte nach.

'Mag ich ihn? Wie sehr mag ich ihn? Reicht *mein* Gefühl aus für das nächste Wiedersehen? Die nächsten Schritte?
  Auch für die Umsetzung seiner Pläne?
Ob Jean mir helfen kann, wirklich zu vertrauen?
Ob ich mich eines Tages ganz fallen lassen kann?

Und reicht *sein* Gefühl aus für einen schwierigen Menschen mit schwieriger Vergangenheit, der sicherlich, gewollt oder ungewollt, immer wieder verletzen wird?

Eines aber spüre ich: Dass es langsam noch heller wird in meinem Leben – durch ihn.

Das Licht, von dem Carlo gesprochen hat – das ich immer suchen sollte – ich glaube, bei Jean ist ganz viel Licht!'

* * *

Zweiundzwanzigstes Kapitel

„Komm Victoria, wir wollen meine Heimat besichtigen! Marseille, Paris, die Cote d'Azur, die Bretagne. Ich möchte dir alle schönen Orte zeigen, an denen ich glücklich war.
   Warum hörst du nicht auf zu arbeiten? Dann reisen wir zu allen Zielen, die *du* dir wünschst!
   Ich zeige dir die Welt – du brauchst nur JA zu sagen!"

Zu dem kleineren Rahmen JA zu sagen, war schon schwierig. Was, wenn seine Hand die vierte wäre, die eines Tages ...? Nein, die Welt an seiner Seite zu erobern, war nicht möglich.

Victoria war mittlerweile war 31 Jahre alt und hatte, wie so vieles, auch die schreckliche Scheidung überstanden. Jean gelang es tatsächlich als erstem Mann, (außer Carlo natürlich, aber er zählte nicht) ihr Leben heller zu machen! Mit ihm gab es seltene, kostbare Momente, in denen sie vergaß und alles eine Leichtigkeit bekam.

Ab und zu konnte sie sogar denken:
   'So fühlt sich also Glück an!' Dann zeigte sich ihr eine Seite, von der sie selber noch nichts wusste: Sie konnte übermütig sein wie ein kleines Mädchen. In solchen Momenten war Jeans Glück vollkommen. Und dennoch – die Welt an seiner Seite zu erobern, war nicht möglich.

Jean begann, ihr Briefe zu schreiben. Er kämpfte um sie.

„Geliebte Victoria,
   seit Tagen versuche ich nun, dich telefonisch zu erreichen! Ich habe mir solche Sorgen um dich gemacht! Ob etwas passiert ist, weiß ich nicht. ...

Wie auch immer – wenn du in diesen Tagen Kummer gehabt hast, wäre ich gerne bei dir gewesen, um dich zu trösten – um dir wenigstens eine Schulter zum Anlehnen zu bieten.

Ich habe dein Foto meinem besten Freund gezeigt und er sagte: „Ja! Äußerlich ist sie schön, aber wie ist ihr Herz?"

Alles, was ich antworten konnte, war:
„Du bist wie ein wunderbarer großer, warmer Raum, in den man sich vor dem Lärm und den Stürmen und den hässlichen Seiten des Lebens flüchten kann – in dem man sich zurücklehnt, glücklich, voller Frieden und vollkommen eins mit sich und der Welt. Und – den man nie mehr verlassen möchte!

Warum das so ist kann ich nicht erklären – ich weiß nur: Genauso ist es!
Und dass es nichts gibt, das ich dir nicht anvertrauen, oder, über das ich nicht mit dir reden könnte!

Als ich das letzte Mal zurückgekehrt bin von Deutschland, war ich lange depressiv – dann habe ich mich entschlossen, nicht zurück, sondern nach vorne zu schauen und unser nächstes Wiedersehen geplant.

Ich fühle mich vom Schicksal bevorzugt, eine Frau mit solcher Wärme, Sanftmut, Intelligenz und Schönheit lieben zu dürfen.

All das Beste von Dunkelheit und Licht trifft sich in deinen Augen! Das Allerbeste ist – Du weißt es nicht. Du weißt nicht, wer du bist und wie du bist!

Für heute sage ich dir Adieu! – Was auch immer dich betrü-
ben sollte – glaube mir – alles hat eine Art sich zurecht zu
fügen – zum Besseren!

In großer Liebe

Dein Jean"

* * *

Dreiundzwanzigstes Kapitel

Jean war vertrauenswürdig und hatte jede Ankündigung eingelöst. Einmal fiel Victoria in ein tiefes Loch, weil ihr der Job gekündigt worden war. 'Sparmaßnahmen' war die Begründung gewesen – und Victoria wagte einen Anruf.

Da sie immer über jeden seiner Schritte informiert war, konnte sie die Verbindung – in diesem Fall nach Kalifornien – leicht herstellen. Jean befand sich in einer wichtigen internationalen Konferenz und hatte das Personal wirklich informiert. Als der Gesprächspartner am anderen Ende der Leitung ihren Namen hörte, kam Jean nach einigen Minuten Wartezeit tatsächlich an den Apparat. Victoria war nicht nur verzweifelt gewesen, weil sie nicht wusste, wie es nun weitergehen sollte – nein, in ihr existierte auch immer noch das Misstrauen und sie hatte ihn auch gleichzeitig testen müssen!

Jean hatte diesen Test großartig bestanden. Er war bestürzt und hatte ihr sofort Hilfe angeboten.

„Was du jetzt brauchst, ist erst einmal eine Auszeit – eine Zeit zum Luftholen und auf andere Gedanken kommen! Ich lasse ein schönes Hotel in Paris und dein Flugticket buchen und wir machen endlich die Reise durch meine wunderbare Heimat.
„Wer weiß", lachte er dann, „Vielleicht ist das ja ein Zeichen für dich, mit dem Arbeiten aufzuhören?"

Victoria war immer noch nicht bereit, das Arbeiten aufzugeben, denn sie brauchte äußere Sicherheit wie das Wasser zum Trinken. Und noch fühlte sie sich bei keinem Menschen sicher – auch nicht bei Jean.

Nach seiner Rückkehr aus Kalifornien zeigte Jean ihr seine Heimat in all ihrer Schönheit – und blieb geduldig mit ihr wie mit einem Kind, das auf dem Weg der Genesung war.

Einmal fragte er sie: „Wann sagst du endlich JA, Victoria? Bitte heirate mich! Und wenn du nicht immer *bei* mir und *mit* mir leben kannst, dann lass uns das Jahr in zwei Hälften teilen: Die eine Hälfte verbringst du in Deutschland und ich komme dich immer wieder besuchen, so wie jetzt – und die andere Hälfte lebst du bei mir in Frankreich!

Wenn ich weiß, *wir gehören zusammen*, dann kann ich sehr geduldig sein. Ich könnte dann auch tausend Jahre auf dich warten, meine Prinzessin!“

Victoria schwieg lange – wie so oft, wenn er wundervolle Dinge zu ihr sagte. Und er *meinte*, was er sagte. Sie war dann hilflos und verlegen, weil sie immer noch überfordert war und wie in diesem Fall keine Antwort wusste. Nach langem Schweigen beschloss sie, ganz ehrlich zu sein.

„Ich muss dir etwas gestehen, Jean. Ich habe große Angst vor Nähe. Wenn es zu nahe wird, zu warm, fühle ich mich bedroht und fange an, um mich zu schlagen. Das bedeutet, ich werde dich manchmal sehr aggressiv behandeln. Das will *ich* nicht und das willst *du* nicht!“

„Jetzt sage ich dir etwas, meine Liebste. Etwas, das du bitte nie mehr vergisst, ja? Du weißt, dass ich dich sehr liebe, nicht wahr?“

Victoria nickte, ja, das stellte er täglich unter Beweis und sprach es auch immer wieder aus.

„Sag mir einfach, wenn du Distanz brauchst, und ich ziehe mich zurück!" Dann lachte er.

„Ich fliege nach Texas und kaufe mir das längste Seil, das es gibt. Eines, das die ganze Welt umfasst! Am einen Ende bist du – am anderen ich. Dieses Seil lasse ich ganz locker.
Du musst nur daran ziehen, dann komme ich dir wieder näher! Wie findest du das?"

Unglaublicher Mann! Vielleicht war er ja wirklich derjenige, dessen Liebe es gelang, ihre Verletzungen zu heilen und die Augen ihrer Seele an das ungewohnte Licht zu gewöhnen?
Wenn ein Mann das jemals schaffen könnte, dann Jean – das wurde Victoria langsam klar.

War sie allein, dann trug er sie durch seine Briefe. Obwohl sie noch nicht glauben konnte, was er ihr schrieb, nicht glauben konnte, dass sie, Victoria, damit gemeint war – fühlte sie sich getragen und beschützt durch den Inhalt, die Schönheit und die Kostbarkeit dieser Briefe.

„Meine Geliebte,

du bittest mich um einen Brief, der dir einen Boden unter den Füssen gibt – das ist nicht nötig! Du musst doch den märchenhaft schönen Sturm der 'Verwüstung' erkennen, den du in meinem Herzen angerichtet hast! Und das wundervolle Gefühl von einem SINN in meinem Leben und von Glücklichsein!

*Bei uns ist mildes Wetter – ich kann die ersten Vögel singen hören draußen vor meinem Fenster – und ich denke an 'Victoria'. Der letzte Gedanke vor dem Einschlafen ist 'Victoria'.
...Wenn ich wach werde, ist der erste Gedanke 'Victoria'.*

*Du hast mein ganzes Leben von innen nach außen gekehrt!
Früher hat es mich nicht interessiert, ob ich lebte oder tot
war – jetzt will ich leben, leben, leben – für dich Victoria! ...
Niemals hätte ich geglaubt, dass ein kurzer Besuch in Deutschland mein Leben so vollkommen auf den Kopf stellen könnte!
Als ich die Reise startete, haben die Sterne meine Einsamkeit
beleuchtet. ... Als ich zurückkam, war Magie in meinen Augen
– ein Leuchten – kostbar und vollkommen!*

Für immer

Dein Jean"

* * *

Vierundzwanzigstes Kapitel

Victoria konnte staunen und sich freuen über alles, was er ihr schenkte: herrliche Landschaften, beeindruckende Kunst, Städte und kleine Flecken voller Zauber – seine Wärme und fürsorgliche Art, seine *Güte*. Sie hatte sich immer einen Mann voller Güte gewünscht.

Mit Jean war so viel wärmendes Licht verbunden. Er war ein außergewöhnlicher Mann! Das konnte ihr Verstand klar erkennen.

Victoria genoss – und verstand doch nicht. Die angezogene Handbremse wollte sich durch nichts lösen lassen! Was war nur los mit ihr? Ihre innerste Schicht blieb erfroren.

Eigene Entscheidungen treffen? Hatte sie nur einmal getan in tiefster Not – also notgedrungen.

Und es war nur mit Carlos Hilfe gelungen.

Ein Gefühl für sich selber bekommen? Entdecken, wer sie war? Sich selbst lieben, wie Carlo es sich für sie gewünscht hatte? Immer noch in weiter Ferne.

Sie waren in einem Hotel in Paris, wieder einmal, kannten sich jetzt eineinhalb Jahre.

Victoria wollte ihren Job immer noch nicht kündigen, aber jeder Urlaubstag gehörte Jean.

In diesen achtzehn Monaten hatte sie sehr viel Schönes erlebt – und immer wieder hatte Jean ihre Ängste und Zurückhaltung gespürt. Natürlich! Und so schrieb er ihr in einer Nacht wieder einen Brief. Sie fand ihn am Morgen auf ihrem Nachttisch – und begann zum ersten Mal seitdem sie sich kannten, zu weinen.

„Mein Liebling,

im Norden meines Landes gibt es Berge. An ihrem Fuß sind sie im Frühling bedeckt mit einem Teppich voller Grün – Gras, Gebüsch, Moos – alles in verschiedenem Grün. Wir sagen dazu 'die vierzig Schatten von Grün'. ...
Wenn die Sonne durch viele große und kleine Wolkenflocken hindurch scheint, kannst du eine immense Anzahl von unterschiedlichen Licht- und Schattentönen auf diesen Bergen sehen – Schatten, der helles Sonnenlicht jagt – und sogar dunkle, schwarze Flecken. ...
Aber über allem ruht eine malerische, ruhige Schönheit, ein wunderbarer Frieden.

Du bist wie diese Berge – und es ganz besonders wert, dass man auf dich wartet! ...
Deshalb: Lass dir Zeit! Ich will versuchen, dich nicht zu bedrängen oder zu hetzen.

Wie auch immer du dich entscheidest – es muss in deinem eigenen Interesse sein!

Anders wird dir nichts gelingen!

In großer Liebe

Dein Jean"

Jean! Trotz seines eigenen Unglücklichseins bestand er darauf, dass sie *ganz bei sich* blieb und *in ihrem eigenen Interesse entschied*! Das hatte ihr den Boden weggezogen – *das* hatte sie tief berührt.

97

Und dennoch musste Victoria sechs Monate später mit Jean sprechen – offen und ehrlich.

Sie vertraute ihm mittlerweile blind und war trotz innerer Mauer entsetzt, ihm so weh tun zu müssen.

‚Schatten, der helles Sonnenlicht jagt – und sogar dunkle, schwarze Flecken!‘

Obwohl dieses schöne Verhältnis das genaue Gegenteil ihrer Ehe mit Wolfgang war, verfolgte sie beide ihr eigener Schatten und jagte Jeans Licht! Eine andere Art von Schatten, das war ihr klar – nur beim zweiten Blick zu entdecken und damit ’gemein’ – so verurteilte sie sich. Es hatte eine gefühlte Ewigkeit gedauert, sich einzugestehen, dass da tief verborgen auch in ihr *dunkle, schwarze Flecken* waren. Und Victoria kam nicht klar mit dieser Erkenntnis. Carlo muss es mir erklären! – Ich will diese dunklen Seiten nicht! Er muss es mir erklären!

„Was los ist mit mir, Jean – ich weiß es nicht! Tatsache ist, ich *kann* nicht! Ich kann nicht JA sagen zu einer Verbindung mit dir. Ich kann nicht JA sagen zu dem Licht in dir! ...
Zu Wolfgangs Dunkelheit ja, das ging eher, denn Dunkelheit war mir immer vertraut! Das Licht in *dir* rüttelt an meinen Grundfesten – es bedroht meine gesamte Existenz!

Ich kann wohl überhaupt nicht JA sagen zu einer wirklichen Verbindung mit einem anderen Menschen. Ich glaube", setzte sie leise hinzu, „Ich kann auch nicht JA sagen zu *mir*!
Das ist es wohl!

Und auch nicht zum Leben in seiner ganzen Fülle – die *du* mir gezeigt hast."

Sie wurde noch leiser, kaum zu verstehen: „Ich wünschte, es wäre anders!"

„Ich weiß, Victoria – das alles hab ich schon lange gespürt! Niemals werde ich dich vergessen.
Und niemals mehr so tief lieben können wie bei dir!"

Jean fügte nichts mehr hinzu. Er wollte nichts Falsches sagen, nichts zerstören – sie und ihre Beziehung in Erinnerung behalten, wie sie war. Und zog sich leise aus ihrem Leben zurück.

* * *

Fünfundzwanzigstes Kapitel

Zwölf Monate waren vergangen – es war ein kühler Herbstabend und Victoria freute sich auf Wärme, ein gutes Buch, Kerzenlicht, ihre Lieblingsmusik und Entspannung, als es Sturm klingelte. Vorsichtig ging sie zur Tür, spähte ungesehen nach draußen und entdeckte Jean! Ihren Jean!

Er war ernster, als sie ihn in Erinnerung hatte, schmaler und dennoch war sein Blick genauso liebevoll und warm wie immer, aber auch mit einer leisen Trauer, die sie noch nie in seinen Augen gesehen hatte.

„Jean! Was machst du denn hier? Hast du hier zu tun? Schön, dich zu sehen! Geht es dir gut? Ich hoffe, es geht dir gut!"

Victoria plapperte vor Verblüffung und Überraschung, war zu nervös, um nachzudenken.
 Sie freute sich, ja, aber gleichzeitig waren da auch ein großes Schuldgefühl und ein Gefühl von Versagen und Wertlosigkeit.

„Lässt du mich herein?", fragte er nach einer Weile. „Wir müssen reden, Victoria."

Als sie saßen, zunächst schweigend, einander stumm anschauten, begann er irgendwann:

„Es geht nicht, Victoria! Ich schaffe es nicht ohne dich! Einmal in diesem Jahr hatte ich eine tiefere Beziehung zu einer anderen Frau. Es war nichts auszusetzen an ihr. Im Grunde passte sogar alles. Bis auf die Tatsache, dass ich sie in intimen Momenten immer wieder 'Victoria' genannt habe!
 Da ist sie gegangen.

Ich bin gekommen, um zu sehen, ob du es dir in der Zwischenzeit anders überlegt hast.

Ob du dir jetzt eine Beziehung mit mir vorstellen kannst – zu deinen Bedingungen."

„Und dafür bist du extra zu mir gekommen?"

‚Victoria, warum bist du so erstaunt darüber', fragte sie sich leise. ‚Das ist Jean, treu und tief liebend. Ich wünschte, ich könnte dieses Gefühl eines Tages selber kennenlernen.'
„Verzeih mir, wunderbarer Jean! Bitte verzeih mir! Ich habe inzwischen erkannt, dass ich diese innere Starre nicht überwinden kann.

Dass *meine Schatten immer noch das Licht jagen*, wie du geschrieben hast und dass ich nicht weiß, wie ich dieses große Problem lösen kann. … Ich finde den Weg nicht. …
Gleichzeitig hasse ich mich dafür, dich so verletzen zu müssen."

Sie begann zu frieren und wurde ganz steif.
Jean erhob sich, zog sie sanft an sich und küsste sie auf den Kopf.

„Leb wohl, meine Prinzessin!", sagte er auf Französisch – dann ging er leise.

Acht Monate später rief Eva an. Eva, mit der sie schon lange keinen Kontakt mehr hatte.

„Peter hat mich gerade informiert, und ich geb's an dich weiter: Jean ist tot!

Er hatte, völlig überraschend, einen Herzinfarkt. Man hat ihn viel zu spät gefunden und konnte ihm nicht mehr helfen. Tut mir sehr leid, Victoria!"

* * *

Sechsundzwanzigstes Kapitel

„Wie auch immer du entscheidest – es muss in deinem *eigenen* Interesse sein!"

Jean hatte keine Ahnung gehabt, wie sehr dieser weise Satz ihr Leben beeinflussen würde.

Es war, als hätte sie zum ersten Mal die Erlaubnis erhalten, an ihr eigenes Wohl zu denken – und dazu zu stehen. Ohne sich dafür zu schämen, dass sie an sich selber dachte und ohne sich selber als Egoistin zu beschimpfen!

Dieser Ausspruch begleitete sie, und mit ihm kam langsam ein *beständiges*, sanftes Licht in Victorias Leben. Und das *ohne* Partner!

Noch nicht so viel, dass ein ganzer Tag hell war, aber stundenweise hatte sie Sonne im Herzen!

‚Seltsam', dachte sie. Wenn ich beginne, an mich selber zu denken, 'egoistisch' zu reagieren, dann wird es heller!? *Wenn ich in den 'Schattenbereich' gehe, wird es heller?'*

Jeans kluger Rat hatte auch ihre Entscheidung beeinflusst, einen 'richtigen' Beruf zu ergreifen. Einen, der ihrem Wesen entsprach. Einer, der nicht, wie die bisherige Tätigkeit, ein zwar selbstgewählter, jedoch ein Kompromissplatz war und *nicht* ihrem Wesen entsprach.

Victoria hatte immer der Not oder der Vernunft gehorcht und nicht ihrem Herzen. Hatte allerdings auch lange nicht gewusst, dass *sie*, bzw. jeder Mensch, eine Stimme des Herzens in sich hatte – sozusagen einen inneren Kompass ... Jean hatte sie *gedrängt*, genauer auf sich selbst zu schauen.

In ihrem *eigenen* Interesse, dachte sie, wäre ein Beruf, der ihrem Leben einen tieferen Sinn gab, erfüllend war – und das durfte nicht einfach irgendein Job sein!

Es wollte sich jedoch keine Idee einstellen. Keine, die ihr Innerstes berührte. Im Gegenteil Victoria wurde nach drei Jahren Job wieder krank, das alte Leiden klopfte erneut an die Tür.

Und so entschied sie sich Hals über Kopf, volles Risiko einzugehen, zu kündigen, sich eine Auszeit zu nehmen. Und vor allem – in Erinnerung an den schweren Schritt der Trennung von Wolfgang – ihr Vertrauen in den göttlichen FREUND im Universum noch mehr zu festigen.

Hatte sie damals nicht alles auf eine *einzige* Karte gesetzt? Hatte sie nicht sogar vollkommenes Scheitern – ihren Tod – in Kauf genommen? Und wie wurde der Mut zur totalen Hingabe an das Vertrauen in Gott belohnt? War sie nicht aus dieser Ehe sozusagen *hinausgetragen* worden?

Victoria schlug sich mit der Hand an die Stirn, ich hab es nicht gemerkt! Es ist mir nicht *bewusst* geworden! Damals habe ich mich tatsächlich *hingegeben*! Zum ersten Mal in diesem Leben!

Und das, obwohl sie einen Schritt getan hatte, den die Kirche als 'böse' bezeichnete.

'Die Frau sei dem Manne untertan', so hieß doch es in kirchlichen Kreisen – und bei ihren Eltern. Und das mit warnendem, erhobenem Zeigefinger.

Ihr damaliger Schwiegervater fiel ihr auch ein.

Er hatte ihr nach ihrem Weggang Hausverbot erteilt. Die Schwiegermutter intervenierte: „Aber Victoria wird sterben, wenn sie bleibt!"

„Das macht nichts. Eine Frau *muss* bei ihrem Mann bleiben – egal, wie die Umstände sind!" Und hatte ihr eigener Vater sie nicht 'Verbrecherin' genannt?

Diese erste Hingabe ihres Lebens an das Vertrauen hatte sozusagen goldene Früchte getragen. Und jetzt war es also wieder soweit!

Da sie keine richtige Ausbildung gehabt hatte, war ihr alter Job dementsprechend schlecht bezahlt.

So lebte sie von ihrem Erbe, das dahin schmolz. Nicht zu wissen, was kam und trotzdem einen Job zu kündigen, war in einer materiell eingestellten und auf unbedingter Sicherheit bedachten Nachkriegswelt geradezu verrückt.

Victoria sprang also ein zweites Mal und riskierte wieder viel. Sie würde sich erneut dem vollkommenen Vertrauen zu GOTT hingeben.

Die Auszeit tat Victoria sehr gut! Sie probierte sich aus mit Tanz, Chor, Sport und Schauspielunterricht. Mit vielen neuen Begegnungen, vielen interessanten Gesprächen – vor allem jedoch kümmerte sie sich um ihre vollständige Genesung.

Natürlich war es kein 'Zufall' – 'Zufall ist ein Pseudonym GOTTES', hatte sie irgendwo gelesen – dass sich nach sechs Monaten zwei entscheidende Dinge ereigneten!

* * *

Siebenundzwanzigstes Kapitel

An einem Sommernachmittag saß Victoria im Kreis von Nachbarinnen auf ihrer Terrasse und lauschte der angeregten Unterhaltung und dem Gelächter. Es machte ihr Freude zu entdecken, dass ihre Scheu geschrumpft war im Laufe der Zeit und dass ein zartes Pflänzchen namens 'Selbstbewusstsein' zu wachsen begann.

„Haloooo! Victoria! Träumst du? Wo bist du?" Laut rief ihre alte Freundin Andrea zu ihr herüber.

Victoria schreckte auf aus ihren Gedanken und schaute sie an mit fragendem Blick. Etwas leicht Aggressives hatte in Andreas Stimme gelegen.

„Was willst du denn jetzt eigentlich machen? Hast du noch nicht genug gefaulenzt?"

(Andrea war seit Ewigkeiten berufstätig – und das sehr erfolgreich! Sie war Journalistin, eine ehrgeizige Karrierefrau halt, die es kaum ertragen konnte, dass jemand anders 'sich ausprobieren' wollte und einfach eine Auszeit nahm.)

„Du kannst doch nicht ewig faul zu Hause rumsitzen! *Mach* endlich was, um Gotteswillen! Das ist ja nicht zum Aushalten!"

Sie hatte ihre Stimme erhoben und war sichtlich angriffslustig. Schwang da nicht auch Empörung mit? Die anderen fanden spannend, was sich da abspielte und hörten auf mit ihren Unterhaltungen.

„Komm schon! Sag was!"

Ohne ihr Dazutun sprach es nach einer Pause aus Victoria heraus: „Eigentlich wollte ich Ärztin werden!"

Sie machte ihren Mund wieder zu und staunte. *Niemals* hatte sie an diesen Beruf gedacht!

Niemals! Und nun dieser seltsame Satz! Mit diesem Satz war für sie der gesellige Nachmittag zu Ende. Während die anderen durcheinander sprachen und den Gedanken begutachteten, zog sie sich innerlich zurück, klinkte sich aus. Auch am Abend, als sie wieder alleine war, grübelte sie über diese Überraschungsäußerung nach. Was war da nur geschehen? Nicht ein einziges Mal in ihrem bisherigen Leben war der Gedanke an einen sozialen Beruf aufgetaucht!

Der Satz stand vor ihr, schaute sie an, forderte sie heraus. Zwang sie, genau hinzuschauen, denn er würde nicht weichen, bis sie sich mit ihm auseinandergesetzt hatte – das war ihr klar.

Ein Argument sprach dafür. Nur ein einziges. Was hatte Jean geschrieben?
    'Es gibt nichts, das ich Dir nicht anvertrauen und über das ich nicht mit Dir reden könnte.'
    Das allerdings war ein gutes Argument.

Ein sozialer Beruf also? War eine solche Tätigkeit in ihrem ureigenen Interesse? Gehörte ihr Herz wirklich einer Arbeit mit Menschen? Was *spürte* sie denn bei diesem Gedanken?
    Und was bedeutete diese merkwürdige Aussage? Sogar vor Zeugen?

Victoria ging in sich, hatte ein paar Tage später die Idee, einen Fantasiefilm zu drehen, sah sich mit weißem Kittel bei der Arbeit mit Patienten und fühlte genau nach, *was* sie in diesem Zukunftsfilm spürte. Ihr wurde *warm* innerlich – und *leicht* – und *Freude* stieg in ihr auf. Sie sah sich arbeiten, sozusagen als Hauptdarstellerin, und wunderte sich, dass sie bei dieser Arbeit nicht müde zu werden schien.

So näherte sich langsam die Entscheidung. Es hatte eines gewaltigen Schubsers von außen bedurft, um die Bremse von Selbstzweifeln und falscher Bescheidenheit zu lösen.
    Da hatte ihr wohl das Universum geholfen, um sie auf das aufmerksam zu machen, was ihr tiefster unbewusster Wunsch war.

Hatten die Gespräche mit Carlo sie nicht gelehrt, auf die vielen Zeichen zu *achten*, die es im Leben eines jeden Menschen gibt?

Zwei Wochen später ereignete sich erneut etwas Besonderes. Nach dem mächtigen Wachrüttler durch ihre Freundin Andrea hatte Victoria diesmal einen 'hellen' Traum, den sie nie mehr vergessen sollte.   ...

Sie saß in einem alten, klapprigen VW-Bus und fuhr in den Urlaub über die Alpen Richtung Italien.
    So glücklich, unbeschwert und übermütig kannte sie sich gar nicht. Laut sang sie uralte Schlager aus den fünfziger Jahren vor sich hin. Der Bus kurvte brav durch die Serpentinen, die Bergwelt war atemberaubend und es ging ihr gut – wie nie zuvor.

Irgendwann nahm der kleine Bus richtig Fahrt auf. Es dauerte einen Moment, bis sie sich besann, dass diese Geschwindigkeit nun doch zu schnell war und auf die Bremse trat.

Keine Reaktion! Immer wieder testete sie die Bremsen aus – Handbremse inklusive. *Vergeblich*!
Merkwürdig – die Traum-Victoria in ihrem kaputten Bus blieb vollkommen ruhig und gelassen.
Kein Funken *Angst* – stattdessen großes *Vertrauen* und große *Neugierde*.

‚Aha', hatte sie in ihrem Traum gedacht, ‚wieder werde ich in meinem Vertrauen getestet! Wieder will Gott, dass ich alles auf *eine* Karte setze – nämlich auf *Ihn*! Wieder mit dem Risiko, mein Leben zu verlieren!
Aber *ich* will *Ihn* auch testen! Hat Er denn auch *mein* Vertrauen verdient?
Also dann! Hier und jetzt setze ich wieder *alles* auf *eine* Karte!'
Das war ihre klare Entscheidung!

Allerdings hatte sie auch die ganze Zeit den Satz auf ihrer Orchideenkarte im Kopf:
„Wenn GOTT mit dir ist – wer auf der Welt kann dann gegen dich sein?

Und so hatte sie sich im Traum tatsächlich vollkommen gelassen, voller Vertrauen dem kleinen Fahrzeug ohne Bremsen überlassen und war gespannt, ‚*was das Universum sich dieses Mal als Lösung einfallen lässt*!'

Dann geschah etwas vollkommen Unerwartetes: Der rasende Bus hob plötzlich ab ... und ... FLOG!

Mit diesem kostbaren Traum fiel die endgültige Entscheidung: Victoria würde ein Medizinstudium beginnen.

Nach dem ersten Semester wusste sie auch ganz genau, worauf sie sich später spezialisieren wollte: 'Hausärztin' – das war es, was sie wollte!

Zuständig sein für körperliche und seelische Beeinträchtigungen! In diesem ärztlichen Berufszweig konnte sie Nähe herstellen, Nähe aushalten und ihre Patienten durch ihre Schwierigkeiten begleiten. Wenn nötig, über Jahre.

Es war die richtige Entscheidung, das spürte sie. Weil sie zum ersten Mal das Gefühl hatte, dass sie *ankam*. Endlich! In ihrem Leben! Und auf ihrem dritten, selbst gewählten Platz!

* * *

Achtundzwanzigstes Kapitel

Nach langen, harten Jahren des Verzichts und des Alleinseins – Victoria hatte auch hier ganz automatisch versucht, perfekt zu sein – war sie mit Studium und der Ausbildung fertig.

Der zarte Lichtstreifen war geblieben – es ging ihr gut. Seit Beginn des Studiums vor elf Jahren lebte sie endlich ein Leben, das vollkommen selbstbestimmt war, das ihrer Existenz auf der Erde einen tieferen Sinn gab und das ganz ihrem Wesen entsprach!

Ein Wissen, das auch all die Alltagsschwierigkeiten erhellte. Solange sie ohne Beziehung, d.h. ohne große Nähe, lebte, konnte sie leicht und zufrieden ihr Leben führen.

Eine zweite Lichtquelle war ihr Vertrauen geworden, das seit jenem Traum vor langer Zeit immer stärker wuchs.

Sie fand Praxisräume und begann wieder, zum *vierten* Mal, mutig mit einem ganz neuen Leben.

Drei Monate nach der Eröffnung beschloss Victoria, einer psychologischen Supervisionsgruppe beizutreten. Einer ihrer ersten Patienten war sowohl körperlich als auch seelisch schwer erkrankt. Für diesen schwierigen Fall brauchte sie unbedingt fachlichen Rat.

Sie rief bei Dr. Christian Schubert an, ihrem früheren Psychiater und ließ sich verbinden unter ihrem Mädchennamen, den sie gleich zu Beginn des Studiums wieder angenommen hatte. Diesen Namen kannte er natürlich nicht. Dann fragte sie nach einem Platz in einer seiner Supervisionsgruppen.

Mit kindlicher Freude wartete sie auf die erste Supervisionsstunde. Dann, bei der ersten Begegnung ein paar Wochen später, war seine Begeisterung sie wiederzusehen ganz offensichtlich. Erstaunlich, dachte sie – schließlich waren viele Jahre vergangen seit ihrer letzten Sitzung!

Dr. Schubert war ein guter Supervisor, sehr beliebt, für Victoria allerdings manchmal zu sehr kopfgesteuert. Dann gerieten sie häufig aneinander – er blieb jedoch immer fair.
   In ihrer Gruppe waren fünf Männer und zwei Frauen. Die Ärzte gaben meistens ihm recht – die andere Ärztin vertrat meistens Victorias Standpunkt. Was zu einem lebhaften Austausch führte und Victoria sich sehr *lebendig* fühlen ließ – auch dies ein neues, schönes Gefühl.

Nach einem halben Jahr Supervision beschloss Victoria, ihn in ihre neue Praxis einzuladen. Es war eine spontane Idee gewesen – was genau sie dazu getrieben hatte, wusste sie selber nicht. Vielleicht wollte sie durch ihn, stellvertretend sozusagen, endlich ein Lob ihres Vaters erhalten? ... Das erste väterliche Lob ihres Lebens? Diese Gedanken kamen ihr allerdings erst viele Jahre später.

Er sagte gerne zu, freute sich ganz offensichtlich und kam eines Abends nach seinem und ihrem Praxisschluss zur Besichtigung. Victoria betrachtete ihn still, war erstaunt, ihn begeistert zu erleben über ihre Praxisgestaltung – und „genauso über die Gestaltung Ihres Lebensweges!"

Christian Schubert war genau fünfzwanzig Jahre älter – ein weiser Mann, dem keine menschliche Schwäche fremd war. Der in der Praxis und vor allem in seiner eigenen Klinik täglich im Schatten watete! Und auch ein gutaussehender Mann mit weißem, vollem Haar, weißem Schnäuzer und wunderschönen blauen Augen, die jedem tief in die Seele zu schauen schienen.

Nach diesem Abend lud er sie schon wenig später ein zu einem Abendessen. Victoria fühlte sich sehr ihm hingezogen. Anders als bei Jean war dieser Mann ihr auch aus unbekanntem Grund von Anfang an vertrauter. Erst musste sie zwar die Panik vor einem so viel älteren Mann mit natürlicher und beruflicher Autorität überwinden – aber dann übernahm ganz schnell das Gefühl, ihn schon seit Ewigkeiten zu kennen!

Victoria freute sich sehr über diese erste private Einladung und ebenso bei seinem Anblick. Und sie ertappte sich zu ihrem Erstaunen bei einer tiefen unbekannten Sehnsucht!

Sehnsucht kannte sie, natürlich. Nach Zuständen – es gab viele, nach denen sie sich von Kind an gesehnt hatte: Berührung, Geborgenheit, Angenommensein, Zugehörigkeit und noch vielem mehr. Aber nach einem Mann? War *das* ihre Sehnsucht?

Was ist dein Geheimnis, Christian? Das Besondere, das diese neue Sehnsucht zu einem Mann erklärt?

Trotz all dem blieben jedoch auch die vertraute Starre, die vertraute Angst, die angezogene Handbremse.

Das erste gemeinsame Abendessen machte Victoria sogar glücklich. Hatte sie doch entdeckt, dass auch dieser Mann die kostbare und seltene Eigenschaft von *Güte* besaß!

Genau wie Jean. Jedoch waren bei Jean die innere Dunkelheit und die Mauern, die sie um ihr Fühlen errichtet hatte, zu groß gewesen, um sein Licht ganz eindringen zu lassen.

Bei Christian verhalf ihr die unbestimmte Sehnsucht zu mehr Gefühl und schwächte die Starre. Sie konnten sich wunderbar unterhalten – philosophierten beide gerne.

Sie saßen sich am Tisch gegenüber, lachten, waren fertig mit dem Essen – da legte er seine große 'Bauernhand' offen vor sie hin – wartete – duzte sie zum ersten Mal – wurde ganz ernst:

„Du weißt schon, dass du mich an der Angel hast? ... Schon sehr lange!"

Victoria legte langsam, zögernd ihre schmale Hand in seine. Es war eine *gute* Hand, eine, die zupacken und halten konnte. Er umschloss ihre ganz, und Wärme sowie ein winziges, erstes Gefühl von Geborgenheit krochen langsam in ihr hoch.

Als sie zuhause war, weinte sie lange.

* * *

Neunundzwanzigstes Kapitel

Mit Christian begann eine neue, schöne Lebensphase. Er war da für sie, Tag und Nacht, beriet sie bei allen Lebensfragen, vor allem in ihrer Arbeit mit Patienten. Obwohl sie gerade erst ihre Praxis eröffnet hatte, vertraute er ihrem Können, schickte ihr Patienten und freute sich. Er freute sich bei jedem Kontakt!

Seine große Erfahrung hatte ihm schon früh gezeigt, dass Victoria eine einsame, verlorene Seele war, die vor allem eines brauchte, um ‚endlich Mensch zu werden' (wie Carlo einmal formuliert hatte): *Sicherheit*! Egal, ob von Mann oder Frau – sie brauchte, um das Vertrauen zu einem Menschen zu erlernen, konstante Sicherheit, auf die sie sich jederzeit verlassen konnte.

Und so rief er täglich an, sprach auf Band, wenn sie abwesend war, machte wunderbare Pläne für ihre Treffen, organisierte – auch wie Jean, herrliche Kurztrips, war durch seine stetig wachsende Liebe selbst verändert. In seinem Gesicht gab es nur Strahlen.

Eines Abends, als er sie wieder einmal abholte zu einem ihrer gemeinsamen Essen, platzte er mit dem Öffnen der Tür herein: „Spürst du's? ... Spürst du's nicht?"

Er sprühte geradezu vor Übermut und Lebenslust. „Was denn?" Victoria schaute verwundert und musterte ihn.
„Spürst du nicht, wie *glücklich* ich bin? Dass mein Herz hüpfend leicht ist durch dich?"

Victoria lachte – wurde aber nicht wirklich berührt durch seine Worte.

Auch dieser Abend war wieder sehr schön, wie bisher jede ihrer Begegnungen. Langsam wuchs so etwas wie Vertrauen und auch ein kleines Gefühl von Sicherheit.

Christian, als ein Mann von großem Kunstinteresse, hatte eine Reise nach London geplant.
Die Tate Gallery liebte er besonders und er wünschte sich sehr, ihr seine Lieblingskunstwerke zeigen zu können. Sie wohnten in einem schönen Hotel, hatten einen ihrer besonderen Tage hinter sich – Christian lag vollkommen entspannt lesend auf der Couch und war – wie immer – glücklich.

Er rief nach Victoria, die sich im Schlafbereich ihrer Suite befand. Als sie kam, zog er sie ein wenig zu sich herunter, nahm ihre Hand wieder einmal in seine eigene große, warme, während er ernst und langsam in ihre fragenden Augen hinein sagte:

„Ich bin dankbar dafür, dass es dich gibt!

Du kannst alles von mir haben ... und ich will alles für dich sein, Victoria!"

Dann schloss er die Augen, ließ ihre Hand los und Victoria verließ leise den Raum.
'Wann werde ich die *Bedeutung* dieser wunderschönen Worte endlich fühlen können?
Warum nur perlen sie von mir ab wie Regentropfen auf einer Fensterscheibe – glänzend, zauberhafte Muster bildend, aber für mich immer geheimnisvoll?', dachte sie traurig.

Das harmonische Leben ging ohne Störung weiter: Die Verabredungen, die täglichen Telefonate, Christians Fürsorge (auch ähnlich wie bei Jean) und Victorias Sicherheit – vor allem einem Mann gegenüber – wuchs langsam aber stetig.

Sie hatten viele tiefe, philosophische Gespräche – darin lag Victorias stärkstes Interesse.

Verstehen, das war's – Verstehen *'was die Welt zusammenhält!'* *Welche* Gesetze bestimmen das Leben auf der Erde? – Welche das Leben im Kosmos?

Wozu lebt ein Mensch? *Wozu* lebt er unzählige Leben? *Was* bedeutet Erlösung?

Fragen dieser Art und Gedanken dieser Art beschäftigten sie in ihrer verborgenen zweiten Welt – hinter dem Alltagsleben.

Christian ging ein Stück dieses tief in ihr ruhenden Weges mit.

Er war als sehr bekannter Arzt und Psychiater mit anderen namhaften Persönlichkeiten im Gespräch – auf Kongressen als Redner diskutierend – auch über *philosophische* Themen – mit berühmten und kompetenten Gesprächspartnern – und fragte dennoch eines Tages zu Victorias größtem Erstaunen nach einem langen Diskurs:

„Hast du schon jemals ein solch tiefes Gespräch geführt? ... Ich noch nie!"

Victoria musste lächeln: „Ich schon!" ... Und dachte an Carlo.

* * *

Dreißigstes Kapitel

Christian war glücklich, durchgehend glücklich. Victoria wurde mit jedem schönen Tag, mit jeder Minute der Nähe unglücklicher. Sie waren jetzt fast drei Jahre zusammen.

Warum nur wurde ihr Vertrauen wieder weniger? Warum verließ sie das zweite Gefühl von Sicherheit in ihrem Leben auch hier?

Was geschah mit ihr?

Sie quälte sich, verurteilte sich ständig – bis zum Selbsthass – nun verstand sie gar nichts mehr!

Was ist nur los mit mir? Woher kommt der rasende Zorn? Warum jetzt? Warum nicht früher, als er berechtigt war? Was für ein Ungeheuer bin ich geworden? Das fragte sie sich oft.

Dann kam der Tag, an dem sie sich nicht mehr verstellen konnte.

An einem Abend setzte sie sich wie fremdgesteuert ins Auto und fuhr in seine Praxis.

Es war spät, aber am Licht konnte sie sehen, dass er noch da war. Ohne anzuklopfen stürmte sie in die leere Praxis – Christian strahlte: „Duuu? Was für eine schöne Überraschung!"

Ohne Erklärung, ohne Vorwarnung baute die andere, unbekannte Victoria sich vor ihm auf und schrie:

„Wer bist du eigentlich? Glaubst du, du bist ein Halbgott? Muss man dich anbeten? Du in deiner Vollkommenheit?! Mit deiner 'großen Liebe'!

ICH KANN DAS ALLES NICHT! Das alles muss aufhören! SOFORT!"

Eine zweite Victoria stand neben ihr und schaute entsetzt zu, wie die andere mit der Peitsche in der Hand zuschlug. Wie sie gnadenlos einen Hieb nach dem anderen versetzte – wie sie in das erstarrte, weiße Gesicht eine Verletzung nach der anderen jagte.

Die zweite versuchte, Einhalt zu gebieten – vergeblich. Die andere tobte sich aus, als wolle sie alle Wut und alle Schmerzen ihres gesamten Lebens in dieses weiße Gesicht schleudern.

Als sie fertig war, spürte sie eine maßlose Erschöpfung. Alles an ihr und in ihr zitterte. Noch ein letzter Blick in die stumme, blutleere Miene und dann schleppte sie sich mit letzter Kraft zurück ins Auto – um dort zusammenzubrechen. Noch niemals hatte sie so geweint! Wie lange sie schreiend und schluchzend am Straßenrand im Auto sitzen blieb – warum sie einen Menschen, der sie auf Händen getragen hatte, so sehr verletzen musste?
Sie wusste es nicht – erkannte sich nicht wieder.

Sechs Monate später rief Christian an und sprach auf ihr Band. Seine Stimme klang monoton, müde, unendlich traurig.

„Victoria, *ich liebe dich*! Vergiss das niemals.
Wäre ich jünger und hätte noch mehr Kraft, würde ich um dich kämpfen! Aber jetzt – mit meinen einundachtzig Jahren – muss ich dich loslassen. ... Ich muss mich zurückziehen in mich selbst und langsam Abschied nehmen von diesem Leben. ... Mit dir zusammen kann ich nicht gehen.

Lebe wohl – und das meine ich genauso!
Lebe wohl! Wir werden uns wiedersehen in einer anderen Welt!" ... Dann legte er auf.

Lange blieb Victoria sitzen vor dem Anrufbeantworter. Es gab keinen einzigen Tag, an dem sie ihr Tun nicht hinterfragt hatte. Auf das große WARUM jedoch fehlte ihr immer noch die Antwort.

Nach drei Monaten fand sie die große Anzeige in der Zeitung: Dr. Christian Schubert war gestorben.

* * *

Einunddreißigstes Kapitel

Und dann stand Carlo vor der Tür!

Victoria hatte inzwischen versucht, ihr Leben so gut und sinnvoll zu leben, wie es ihr möglich war. Vom ersten Tag an florierte ihre Praxis – natürlich auch durch Christians Hilfe. Sie wusste eines mit Gewissheit! Dass sie zur richtigen Zeit am richtigen Ort war!
Das Denken, Fühlen und Behandeln auf ganzheitliche Art, schien genau das zu sein, was die Menschen suchten.

Die stabile Tränenschicht ihres gesamten Lebens wurde mit den Jahren dünner und dünner – langsam. Ob sie wohl eines Tages ganz aufgelöst war?
Lieder, Lachen und Tanzen betraten in ihr Leben.

Für sie war es ganz natürlich, jeden Patienten, der vor ihr saß, lag oder stand, in diesem Augenblick als den wichtigsten Menschen in ihrem Leben zu betrachten. Dazu kam ihre tief verinnerlichte Lebensmaxime – angeregt durch einen Ausspruch von Mutter Teresa:

„Achte darauf, dass es jedem Menschen, den du triffst, n a c h der Begegnung mit dir etwas besser geht!"

Victoria konnte spüren, dass es heller geworden war in ihr. Nicht so hell, wie sie es sich ersehnte, aber hell genug, um ihre Patienten sich wohlfühlen zu lassen. Ein Teil der inneren Dunkelheit wollte dennoch ganz nicht weichen. Die innerste Not blieb.
Und nun war Carlo zum dritten Mal überraschend in ihrem Leben aufgetaucht!

„Carlo!", rief Victoria glücklich und begeistert. „Du bist wieder da! Wo warst du die lange Zeit?

Es sind so viele Jahre vergangen und ich hätte dich so sehr gebraucht!

Viel Wundervolles und viel Liebe haben meinen Weg gekreuzt – aber – mir ist auch zu meinem Entsetzen eine Victoria der Vernichtung begegnet!" Jetzt wurde ihre Stimme laut.

„Ich habe in der Zwischenzeit zwei Männer *zerstört*! Zwei wunderbare Männer, Carlo!

Ohne es zu wollen – wie unter einem Zwang – für den ich keine Erklärung habe."

Dann sagte sie leise – als schämte sie sich:

„*Ich will nicht zerstören*! Ich will heilen und wachsen lassen! Zuversicht und Vertrauen in sich selbst, in das eigene Leben und ganz besonders in das Leben allgemein aufbauen.

Ich will die Angst meiner Patienten mindern, die oft nicht berechtigt ist. Ein bisschen scheint mir das sogar zu gelingen.

Und jetzt", schrie sie dann auf, „Jetzt habe ich Leben *zerstört*! Verstehst du?"

Victoria hämmerte mit Fäusten auf Carlo ein.

„*Meine Schatten jagen das Licht*! Die Dunkelheit in mir hat seit Jahren das große Licht vertrieben und jetzt zwei Leben ausgelöscht!

Jean, der erste Mensch mit Güte (außer dir), starb ein Jahr nach unserer Trennung an einem Herzinfarkt, am Broken-Heart-Syndrom. Und Christian, der zweite Mann, der mich ebenso tief geliebt hat, hat sich ganz von allem zurückgezogen, hat Praxis und Klinik abgegeben und sich kurz nach unserem letzten Telefonat das Leben genommen!"

„Ruhig! Ganz ruhig, meine Kleine! Und langsam! Ich weiß doch, wie es dir geht – und was geschehen ist. Deshalb bin ich ja hier!

Und ich weiß auch, wie wichtig es ist, dass du *verstehst*! Dich und die Ereignisse! Denn nur das, was du verstanden und verinnerlicht hast, kannst du weitergeben!

Deine Patienten mit ihren unterschiedlichen Lebensläufen warten darauf. Sie brauchen, ebenso wie du, *Übersetzungen*. Auch sie wollen verstehen, um wachsen zu können und reif zu werden für den nächsten Schritt.

Jetzt bin ich ja hier – und wenn ich abreise, hast du die Bedeutung der Ereignisse erkannt!"

„Entschuldige, Carlo! Ich hab dich überfallen.

Du siehst, wie groß meine Sehnsucht nach Verstehen ist. Ich will kein Wissen, nein! Ich glaube, nur das Verstehen hilft dem weiter, der gefangen ist in seinem Schmerz, im Zweifel, der Angst! Nur das Verstehen – hab ich recht?"

„Ja! Du sollst auch verstehen! Und damit eine noch festere Basis für deine Lebensarbeit gewinnen!"

* * *

Zweiunddreißigstes Kapitel

Victoria wurde ruhiger. Nach längerer Stille – nicht unangenehm, nein, es war eine satte, tragende Stille – sagte Carlo:

„Erinnerst du dich? Lass uns zusammen 'auf den Berg gehen', damit die *Weite* einziehen kann in deinen Blick und *damit* das *Verstehen* zusammen mit der *Weisheit.*
Ein japanischer Spruch lautet: 'Hebt man den Blick, so sieht man keine Grenzen'. Lass uns also denken ohne Grenzen."

Sie stoppte ihn sofort: „Carlo – es gibt noch etwas! Etwas, das für mich auch schlimm ist! ... Ich habe mit Schaudern erkannt, dass ich nicht lieben kann! Die Nächstenliebe kann ich leben, ja.
Aber ich kann keinen Partner lieben. Ich kann eine tiefe Liebe nicht annehmen! Bei beiden war es, als liefe ihre Liebe an mir herab ins Nichts!"

Plötzlich musste sie weinen und dann schrie sie ihn an:

„Die ganze tiefe Liebe der beiden ist an mir heruntergelaufen wie Regentropfen an einem Regenmantel! Verschwendet! Das ist es, womit ich auch nicht fertig werde!
Das bin doch nicht *ich*! Wie kann ich anderen helfen, wenn ich nicht tiefer lieben kann?"

Voller Verzweiflung rüttelte sie an ihm.
Carlo ließ sie rütteln – dann hielt er sie lange fest, gab ihr Zeit, sich zu beruhigen, damit sie verstand, was gesagt werden musste.

„Denk nach, Victoria! Hast du die Liebe zu den beiden Männern – *aktiv* gelebt oder *passiv*? Hast du nicht jedem der beiden Macht gegeben?

War nicht deine Überlebensstrategie, das eigene Böse tief in dir zu verschließen – den Schlüssel möglichst gut zu verstecken? Warst du auch ab und zu *Täter*? Oder fast immer *Opfer*? Warst du ein *Mensch aus Fleisch und Blut*?"

„Du meinst, Carlo – bin ich weg gegangen von der Unschuld, vom Opfer? Bin ich zugegangen auf die dunkle Seite in mir?"

„Bist du?" „Ich glaube, nein!"

„Hast du das größte Geschenk, das beide Männer dir gemacht haben, erkannt?"

„*Neiinn*?! War es ihre große Liebe? Ihre Güte?"

„Jean hat das *Licht* in dir *entzündet* – durch Christian ist es immer *heller* geworden.
Dieses Licht hat geholfen, deine Praxis leuchten zu lassen – aber es war noch nicht genug eigenes Licht! Zu Beginn war es noch zu viel geliehenes Licht – *Kunstlicht*!
Kunstlicht kommt nicht aus dem Herzen, es kommt aus dem Ego und es hilft wegzulaufen – denn es meidet den eigenen Schatten.
Gegen Ende der gemeinsamen Zeit mit Christian war endlich durch die konstante große Liebe beider Männer *so viel eigenes, echtes Licht gewachsen, dass es endlich in deine dunklen Anteile hineinleuchten konnte. Das Unterdrücken war damit nicht mehr möglich.*

Aller Zorn, Schmerz, Hass und Verzweiflung wurden hochgeholt.

Das ist eine der vielen Eigenschaften des echten Lichts: An einem gewissen Punkt verlangt es eine Selbstreinigung – Weglaufen ist dann nicht mehr möglich. Das Licht zwingt dann jeden Menschen, dessen Seele wachsen will, genau hinzusehen, was noch in ihm an Schatten verborgen liegt.

Und so waren *beide* Männer *Hebammen für deinen Schatten.* Sie haben deinen Schatten, den du so viele Jahrzehnte versucht hast zu verleugnen, endlich an die Oberfläche gebracht! Und sie haben dir einen *großen Wachstumsschritt* ermöglicht – durch ihre *Liebe* paradoxerweise!

Und dann sind deine Schattenanteile sozusagen in dir explodiert – weil sie zu lange eingesperrt waren! Und zwar ohne die Möglichkeit, auch nur ein Atom davon zurückzuhalten!

Niemand hat dir je gezeigt, wie man mit solch einer heftigen, gefährlichen Mischung im eigenen Innern umgehen kann, ohne zuviel Schaden anzurichten!

Wie kannst du denn das eigene Licht ertragen, Victoria, wenn du den Schatten in dir nicht erträgst? Die beiden gehören doch zusammen wie Tag und Nacht!
Wenn du an e i n e m Pol klebst, wird dein Leben schmerzhaft!

Wie lange brauchst du wohl noch, um in die Mitte zu kommen? Denk an Buddhas Weisheit:
‚Nichts geht jemals vorbei – bis es uns gelehrt hat, was wir wissen müssen.‘
Nimm dich endlich an! ... *Wie du bist!* ... Nimm dich an mit den vielen Abstürzen ins Bodenlose. Mit den vielen Wunden,

Schmerzen, der Einsamkeit, und – ja – auch mit deinen *dunklen Flecken, die das Licht jagen!*

Nimm dich an mit dem menschenverachtenden, missbrauchenden, machtgierigen Vater.
Mit der kalten, tief verletzten und tief verletzenden, gefühllosen Mutter, die sich totgestellt hat, um den eigenen Schmerz nicht mehr zu spüren – und damit das Entsetzen und den Schmerz in den Augen ihrer Kinder ausblenden konnte.

Und dann nimm endlich das ganze Leben – d e i n Leben an – mit allen Geschenken für dich! ... Wenn du dich in dein eigenes Leben fallenlassen kannst – wenn du JA sagst – wenn du keine Form mehr erzwingen willst – wenn du keine krummen Äste mehr geradebiegen willst – und wenn du bereit bist, die Konsequenzen des eigenen Schattens zu tragen – dann wirst du bereichert, l e b e n d i g !

Und dann auch kannst du tiefer lieben und die Liebe eines Partners annehmen. Eines Tages wirst du alles annehmen können, weil du alles verstanden hast.

Eine Weile bleibe ich noch auf der Erde, mein über alles geliebter Seelenzwilling.
Bevor ich jedoch meinen Körper verlasse, besuche ich dich noch ein letztes Mal.

* * *

Dreiunddreißigstes Kapitel

Vor seiner Abreise half Carlo Victoria, einen wirklich guten Psychologen und Traumatherapeuten zu finden – damit ihre größte Wunde endlich geöffnet und geheilt werden konnte.

Bei diesem kompetenten Fachmann machte sie wenig später eine Traumatherapie, in der er sie unter seinem Schutz mit einer ihrer beiden größten Verletzungen konfrontierte. ...

Wieder hat meine dunkle Mutter mich ins vollkommen schwarze Zimmer gesperrt.

„Nein! Es darf *kein* Funken Licht herein!" ... *Sargzimmer* ... Flehen, Betteln, Schreien – wieder hilft nichts. Nie hilft etwas oder jemand.

... Erstarrt, erschüttert, verzweifelt, allein,
8 Jahre alt und hoffnungslos und ausgestoßen.

Immer noch – trotz Schule – jeden Mittag für zwei entsetzliche Stunden in den 'Sarg' gesperrt.

Nach einer gefühlten Ewigkeit – gefüllt mit dem vertrauten Wunsch, endlich wirklich zu sterben, damit der schwarze Raum seine Berechtigung erhält, damit Mutters Wunsch endlich in Erfüllung geht – da entdecke ich am tiefsten Punkt meiner Verzweiflung zum ersten Mal in meinem Leben ein winziges warmes pfirsichfarbenes *Licht* im eigenen Herzen – Licht, das, so scheint es mir, immer existiert hat, aber lange eingesperrt war – durch Jean und Christian endlich befreit. Als ich es wage, die Augen weit zu öffnen, wächst das kleine Licht ein wenig – wächst auch mein Erstaunen.

Ganz langsam füllt sich der schwarze Raum mit Wärme und Licht. Die Dunkelheit weicht – und die Angst zieht sich zurück. Erstarrung – Hoffnungslosigkeit – Kälte – und auch Verzweiflung verlassen mich.

Voller Staunen stehe ich langsam auf, entdecke die Tür. Etwas vollkommen Neues und dennoch Selbstverständliches beginnt – *das Licht hilft mir, Gebote zu übertreten!*

Ich *gehorche* nicht mehr! Langsam gehe ich zur Tür. ... Mein Licht zeigt mir den Weg – Licht *aus* mir – *von* mir *allein*! ...
Niemand anderes zeigt mir den Weg! ...
Ich bin es – ich alleine!

Ich öffne die Tür! Öffne *tatsächlich* die Tür! ... Wage es! ... Habe es gewagt! ... Endlich!
Sie war gar nicht abgeschlossen!

Mein ganzes Leben habe ich geglaubt, für mich seien die Türen – *alle* Türen, verschlossen – genau wie die Mutter immer gesagt hat. ... Dabei waren sie *offen* – auch *alle*! – *Immer*!

Ich gehe durch die offene Tür. Durch alle Türen – ganz langsam – Schritt für Schritt – nehme Abschied von meinem alten Leben.
Gehe mit *Frieden* – endlich Frieden – gelassen – ganz ruhig – nach draußen.

Bin auf einer Lichtung und die Sonne sucht *mich*! *Mich*! Dann bahnt sich all das Gift – das heruntergewürgte Gift meines ganzen Lebens seinen Weg nach draußen durch einen langen Anfall von Erbrechen ... erleichternd und befreiend.

Neue Gefühle ersetzen das viele Gift: innere Wärme bahnt sich ihren Weg, Neugierde und eine nie gekannte Lebensfreude tauchen auf.

... Einmal noch schaue ich zurück.

Abschiedsblick.

Da steht die Mutter, die übergroße, schwarze Mutter – nicht mehr bedrohlich – nein.

Ich gehe zu ihr, stelle mich vor sie – schaue, jetzt mit festem und furchtlosem Blick, in ihre Augen – und sage:

„Du kannst noch tausendmal träumen – dir wünschen, Mutter, ich sei gestorben – (durch grausame Unfälle – ich weiß).

Ich bleibe trotzdem l e b e n d i g ! *Für immer*!

Du nicht – und niemand anderes tötet mich. Das in mir schlummernde, von Jean und Christian befreite warme Licht hat mich gerettet!"

Das Licht der Sonne, Gottes Licht und mein eigenes, neu entdecktes Licht bescheinen die wartende Mutter. –

Langsam wird sie kleiner – und langsam verändert sich das Schwarz in eine zarte, helle Farbe – da beginnt meine 'kalte' Mutter unerwartet zu weinen.

Noch ein erlösendes Weinen.

Ich entdecke, dass ich gewachsen bin, *erwachsen* – angezogen mit einem federleichten, zauberhaften Sommerkleid. Nichts soll mich mehr *einengen – nichts und niemand*!

Und so befreit, glücklich beginne ich vollkommen versunken in der Sonne zu tanzen.

Zeit unwichtig, Vergangenheit unwichtig, Ziel unwichtig. ... Sonne, Weite, Licht und Tanz sind das Wichtigste.

„Jetzt müssen Sie sich erst einmal an das Licht gewöhnen!", sagt der Traumatherapeut zu Victoria. ... Und:

„Sie haben eine außergewöhnliche Fähigkeit zu überleben entwickelt!"

„Ja – aber der Preis war hoch!"

„Der Preis war mörderisch!"

* * *

Vierunddreißigstes Kapitel

Victoria spürte nach diesem wichtigen Entwicklungsschritt, dass ihre Arbeit als Ärztin noch erfüllender wurde. Die Liebe zu ihren Patienten und ihr Verstehen hatten abermals eine neue Dimension dazu gewonnen.
Etwas Letztes, Entscheidendes fehlte allerdings noch – nicht nur ihr. Es fehlte *allen* Menschen.

Dieses Etwas war die Antwort auf jedes persönliche ‚*Warum*‘? Die Frage, die so drängend wie jetzt, noch nicht aufgetaucht war.
Sechzig Jahre war sie inzwischen und hatte eine Ahnung, dass ihr Leben noch einmal eine neue Weite bekäme mit der Beantwortung dieser entscheidenden Lebensfrage!

Als hinge an einer schlüssigen Antwort für sie selbst und auch für jeden einzelnen Menschen das *Rundwerden* des Lebens ab – das vollkommene *Einverstandensein* – und damit auch ein tiefer, dauerhafter innerer Frieden.
Als berge die Antwort eine *Fülle* und einen *Segen*, die allen Menschen zugutekommen würden.

Mit der Zeit begann das *Warum* sie zu verfolgen – es bedrängte sie regelrecht.
Wenn im Universum *nichts* geschah ohne Weisheit, dann musste auch in *jedem einzelnen* Leben diese tiefe Weisheit versteckt sein!
Wenn sie also den Sinn hinter ihrer eigenen Lebensdunkelheit entdecken könnte, wären vielleicht auch *heilende* Rückschlüsse für andere Leben möglich?!
Dafür jedoch würde sie noch einmal Carlos Hilfe brauchen. – Die Antwort konnte Victoria kaum erwarten.

Der Reichtum der vollständigen körperlichen Genesung und die vielen Momente der Freude, des kleinen Glücks und auch der Erfüllung waren ja schon lange eingezogen in ihr Leben. Wie groß würde er erst sein, wenn Carlo ihr diese existentielle Frage beantwortet hätte!

‚Ich will den Reichtum gerne weitergeben‘, dachte sie.

* * *

Fünfunddreißigstes Kapitel

Victoria, in ihrem Lebensrückblick auf ihrer Bank im Park, erinnerte sich an Carlos letzten Besuch, bevor er starb.

Die beiden Jahre, die zwischen den letzten Begegnungen lagen, waren ausgefüllt gewesen mit einem enormen Gefühl der Befreiung, weil sie mit Hilfe des Therapeuten endlich beide Eltern – ja, auch den Vater – losgelassen hatte.

Die alte Sehnsucht nach Elternliebe war verklungen. Zu guter Letzt hatte sie verstanden, dass keiner der beiden ein Ungeheuer war, sondern jeder ein Mensch mit *eigener* Geschichte, eigener Prägung und eigenen Erfahrungen von Lieblosigkeit und Ablehnung.

Und, *dass sie sich selber Mutter und Vater sein musste*....

Das *Warum* jedoch – *warum* war ihr so viel Dunkelheit begegnet – *warum* gab es kein einziges Menschenleben *ohne* Schattenerfahrungen, *ohne* Leid? – *Warum* erlebte der Planet Erde, *warum* die gesamte Menschheit, soviel Finsternis?? ... Diese große, uralte Frage war für sie immer noch nicht beantwortet.

Ich *muss* die Weisheit hinter der Dunkelheit entdecken! Sonst kann ich niemals verstehen und auch nicht meinen Frieden finden.

Carlo würde ihr sicherlich bei der nächsten Begegnung, wie immer, helfen, alles bis ins tiefste Innere zu erfassen – das wusste sie.

Und dann hatte er tatsächlich wieder vor ihr gestanden – Carlo, ihre Dualseele, ihr zweites Ich. Wie immer überraschend – diesmal allerdings empfand Victoria auch Trauer.

Es würde ihr letztes Wiedersehen sein – zumindest hier auf der Erde.

„Ach, meine geliebte Victoria", hatte er nach einer langen, innigen Umarmung gesagt, „Jetzt bist du nicht mehr verzweifelt oder zornig. Jetzt bist du endlich ganz offen für Erklärungen – jetzt bist du soweit, das Meiste zu verstehen!

Komm, lass uns heute jedes Ereignis deines Lebens mit den Augen des Geistes betrachten.
Lass uns zusammen innehalten und mit der Weite, die uns der besondere Blick von der 'Höhe eines Berges' schenkt, dein ganzes Leben anschauen.
Ich will dir zeigen, was zum *Meistern eines Lebens* gehört. Schließ deine Augen und versuche, mir zu folgen.

Kannst du dir vorstellen, dass es Situationen in deinem Leben – im Leben eines jeden Menschen – geben kann, in denen du zur *Mörderin* wirst? Zur *Betrügerin*? Zur *Obdachlosen*? Zur *Alkoholikerin*? Oder aber zu jemandem, der *großes Unrecht* begeht? ... Dass auch in *dir*, wie in jedem Menschen, die *Anlage* ruht zur Aggression? ... Zum Gefühl des Mangels, der *Gier*, zur Schuld, zur *Bösartigkeit*?
Dass dies alles auch in *dir* ist?? ...
Lauf nicht weg, Victoria! Bleib bei dem Bild und sei ehrlich! Kannst du ehrlich sagen: 'Ja, das alles bin auch *ich*'??

Das Entscheidende sind zwei Schritte, meine Geliebte:

1. A n e r k e n n e n , dass dies alles auch du bist.
Nicht wegschauen, nicht weglaufen, nicht allen anderen zu-
schieben und dich ausnehmen!
Dies Anzuerkennen bringt dich in die D e m u t ! ...

2. Nach dem Anerkennen folgt das A n n e h m e n . Es geht da-
rum, dich selbst vollkommen anzunehmen – d.h., es geht um
die H o c h z e i t zwischen D u n k e l h e i t und L i c h t ...

Diese V e r e i n i g u n g der Gegensätze in dir macht dich erst
vollständig – und sie wird zur Quelle deiner ganzen Kraft.

Vorher holt sie jedoch alle deine abgelehnten Teile an die
Oberfläche – nötigt dich, sie ernsthaft anzuschauen und zu
segnen durch deine volle A k z e p t a n z !

Für dein v o l l e s Licht – für das Wachsen in der L i e b e ,
dem einzigen S i n n des menschlichen Lebens – musst du den
eigenen Schatten integrieren und annehmen als P o l i e r e r
dieses Lichts und als ein E l e m e n t von Gottes Weisheit.
Erst dann blüht deine Liebe ganz auf – und du wirst auch
w e i s e ! ...

Und nun, Victoria –
kannst du J A sagen zum Schatten in der Welt? Zu deinem
eigenen Schatten?
Zu dem ganzen Prinzip? – Kannst du ihn u m a r m e n ?
Zu einem e r f ü l l t e n Leben gehören doch auch Schmerz,
Verzweiflung, Krankheit und Schuld! Wie sonst können sich
denn N ä c h s t e n l i e b e oder T o l e r a n z , D e m u t und

V e r s t ä n d n i s entfalten? Schatten als *D ü n g e r* der Lie-be! Als *H e b a m m e* der Lebendigkeit!"...

„Ich beginne zu verstehen, Carlo! ...
Es wird sicher noch eine Weile dauern, bis die einzelnen Teile sich in mir zu einem festen Boden verbunden haben – ich spüre aber jetzt schon, wie mir leichter wird ums Herz.

Und wozu dienen K a t a s t r o p h e n , Carlo? Braucht die Menschheit sie überhaupt?"

„Diese Frage stellen sich fast alle Menschen, liebe Victoria.
Katastrophen sind – wie im Leben des Einzelnen – G ä r t -
n e r im Leben der M e n s c h h e i t !
Sie 'sorgen dafür, dass die Bäume der Menschheit nicht in
den Himmel wachsen.'
Und sind damit die B e s c h l e u n i g e r der Evolution.

Ist es nicht der die See aufpeitschende S t u r m , der für eine
frische Sauerstoffzufuhr sorgt?
Wächst nicht jedes Samenkorn behütet auf im ‚S c h m u t z ' ?
Solange bis es stark genug ist für das Licht?
Und startet nicht jedes Menschenkind das Leben in der
D u n k e l h e i t der Gebärmutter?

Ruht sich die Erde nicht aus in der D u n k e l h e i t des Win-
ters und gewinnt so neue Kräfte?

Vergiss nicht, es sind die S c h w a r z e n L ö c h e r , aus de-
nen die Sterne geboren werden!
Dabei ist die Energie des Lichtes h ö h e r als die des Schat-
tens!! Auch wenn es immer wieder so aussieht, als siege in der
Geschichte der Menschheit die Dunkelheit. – Nur scheinbar!!

137

*Wie sonst könnte E v o l u t i o n stattfinden – wenn nicht das
L i c h t der S i e g e r wäre?!*
Lass dich also nicht täuschen, Victoria!
  *Wie sonst sollte die Menschheit zum I n n e h a l t e n ge-
bracht werden – wenn nicht durch den Schatten?*
*Zum N a c h d e n k e n darüber, was Menschsein wirklich be-
deutet? Ist der Mensch sein Körper?*
*Ist er mehr als sein Körper? ... Was bedeutet L i e b e n ? ...
Was ist w e r t v o l l ? W e r t l o s ? ...*
*Der Schatten ist ein g ö t t l i c h e s Instrument – a b e r e r
i s t n i c h t der S i e g e r ! ...*

Wann versteht der Mensch endlich die Worte eines weisen
Indianerhäuptlings:

*„Erst wenn das letzte Tier getötet, der letzte Baum gefällt, das
letzte Gras verdorrt ist, werdet ihr begreifen, dass man Geld
nicht essen kann!"?*

...

Und nun umarme sie, Victoria – umarme die *Angst* – den
Schmerz – die *Depression* – die *Bodenlosigkeit* – alle *Ver-
zweiflung*! Umarme all deine *Krisen* – deinen *Schatten*!
Dann bist du endlich *frei*! ...
Kannst du *danken* dafür? ...

Sonst ist das Leben an dir vorbei gegangen – und am Ende
hast du gar nicht richtig gelebt! ...
Weil du kein Mensch warst aus Fleisch und Blut, sondern ein
‚lebloser Heiliger'.

* * *

Sechsunddreißigstes Kapitel

„*Jetzt* ist auch die Zeit für deine ganz persönliche Schlüsselfrage! Denk bitte nach, Victoria – *was* wolltest du immer sein?

Hattest du nicht schon ganz früh einen besonderen Lebenswunsch? Der immer wieder ins Vergessen versank?
  Und doch auch immer wieder auftauchte?"

„PFLASTER!? Meinst du das, Carlo?"

Schon früh – als Schulkind – wollte Victoria ,Pflaster' sein – auf den Wunden der anderen!

„Und? Ist es dir gelungen? Warst du Pflaster auf vielen Arten von Verletzungen?

Wie oft hast du gesagt: '*Ich verstehe dich*!
  'Ich weiß, wie schrecklich es ist, missbraucht zu werden – einmal, viele Male, über Jahre!' ...

'Ich weiß, wie schmerzhaft rohe Gewalt ist! Immer wieder!'

'Ich kenne die Qual, total abgelehnt zu werden – verstoßen zu sein – vollkommen alleine gelassen!' ...

Wie viele Male hast du gesagt: 'In diesem Loch – in dieser Verzweiflung – in dieser Pein habe ich auch schon gesteckt! – Diese Krankheit kenne ich auch!?'" ...

Es stimmte! Sie hatte ihre Patienten *verstehen können*. Bei fast jedem ihrer Probleme.

Und hatten ihre Patienten sie nicht geliebt dafür? Sich bei ihr aufgehoben, verstanden, und getröstet gefühlt?

Weil *jede einzelne Schattenerfahrung*, vor der Geburt, nach der Geburt – jeder Missbrauch – jeder Schlag – jede Krankheit – jeder Schmerz und jede Verzweiflung ihres eigenen Lebens sie zu einem Pflaster für andere gemacht hatte!

Jede *gemeisterte* Erfahrung der Dunkelheit hatte ihr ein Stück mehr Tiefe verliehen – ihr mehr Kraft geschenkt, mehr Liebe – hatte ihr das Urteilen abgewöhnt – sie Demut und Dankbarkeit gelehrt – sie mutiger werden lassen und ihr *festen Boden* gegeben!

Das war zwar ein langer Prozess gewesen, schmerzhaft auch – aber nicht auf ein einziges Erlebnis hätte sie verzichten können!

Im Moment dieser entscheidenden Erkenntnis explodierte in Victorias Innern eine große Lichtkugel und erleuchtete jede Ecke ihres vergangenen Lebens – so strahlend, dass sie fast geblendet war!

Gleichzeitig mit dem Licht wurde sie überflutet von einer Wärme, die sie nie gekannt hatte.
Mit einer Fülle an Liebe, von der sie nie geahnt hatte, dass es sie geben könnte!

'Der Schatten hat mich wirklich geschliffen!
Er hat mich verstehen gelehrt – mich einfühlen lassen.
   Und durch meine eigenen Schuldanteile habe ich tatsächlich Güte gefunden und Lieben gelernt!'

Mit diesem Wissen, dieser Kraft und diesem Mut umarmte sie nun ihren eigenen Schatten, all ihre Lebensdunkelheiten mit allen dazu gehörenden Gefühlen.

‚Jetzt kann ich dich endlich annehmen – als einen Teil der großen Weisheit – und als einen wichtigen Teil von mir. Ich will dich nicht mehr als Feind betrachten – auch nicht mehr hadern, weil ich die Unschuld nicht behalten konnte.‘ ...
Ich glaube, Carlo – jetzt erst, in diesem Moment, begreife ich, was *Liebe* wirklich ist!"

Carlo strahlte selber als sei das Licht in *ihm* explodiert!

„Weißt du jetzt, Victoria, warum du dir einen *Schattenberuf* ausgesucht hast?!
Erst durch *alle* deine Erfahrungen konntest du *Licht in den Schattenberuf* bringen!
Immer entsteht etwas aus der Dunkelheit!
Erst durch *alle* Erlebnisse kannst du heute glücklich sein und auf ein erfülltes Leben zurückschauen, geliebte Victoria – meine Siegerin!
Ich freue mich für dich – denn jetzt hast du endlich die Weisheit hinter allem entdeckt!"

„Es stimmt schon, Carlo: ‚*Der beste Heiler ist der verwundete Heiler*‘!"

Das war das letzte irdische Gespräch zwischen den beiden Dualseelen.
Carlo verließ Victoria – und ein wenig später auch die irdische Welt.

* * *

Siebenunddreißigstes Kapitel

Victoria saß immer noch auf ihrer Bank im Park. Sie hatte kein Gefühl dafür, wie viel Zeit inzwischen vergangen war. 'Ein ganzes Leben!', meinte sie lächelnd. Sie saß dort voller Zufriedenheit – voller Dankbarkeit für ihr langes, erfülltes Leben – voller Liebe.

JA, dachte sie, ich habe endlich JA gesagt zum Schatten und im gleichen Augenblick entdeckt, wie reich ich durch ihn geworden bin!

Aus diesem Dünger ist so viel Wunderbares, Segensreiches entstanden – so viel tiefes Wissen über Lebenszusammenhänge, über das Menschsein – so viel Verstehen und Verständnis.

JA, dafür hat es sich gelohnt! Für diesen Reichtum würde ich den Weg wieder gehen!

Ich durfte endlich lernen, was *tiefes Lieben* wirklich ist.

Ich habe gelernt, *weit* zu denken – *hinter* die Dinge und Ereignisse zu schauen – selber zu lieben und auch endlich Liebe anzunehmen – eine *Freundschaft mit Gott* aufzubauen – zu vertrauen!

Vor allem aber durfte ich verstehen, wie wichtig die Wanderung zwischen den Polen ist – und danach das Ankommen in der Mitte.

Ich durfte Ich werden. Und ich bin vollkommen ausgesöhnt mit meinem Leben.

* * *

Fazit

Einsam, verlassen
Oft verzweifelt

Nie getröstet
Nie an die Hand genommen und gezeigt

Nie geführt in die Kultur
Das Wissen
Das Benehmen
Die Interessen
Die Begabungen

Häufige, heftige Sehnsucht
Nach dem Suizid

Nie berührt
Nie umarmt
Nie geküsst

Und DENNOCH!
Es wurde ein SEGEN daraus!

Wer zugleich seinen SCHATTEN

und sein LICHT wahrnimmt

sieht sich von zwei Seiten

und kommt damit in die

MITTE

Carl Gustav Jung